Mosaik
bei GOLDMANN

Maiwald

Buch

Dieses Buch lädt Eltern und Kinder mit 160 kurzen Geschichten zu gemeinsamen Reisen in die Welt der Phantasie ein. Cornelia Nitsch zeigt, wie man die Dinge des Alltags einmal mit anderen Augen betrachten kann. So rankt sich um eine verschwundene Socke ein spannender Kriminalfall, die blaue Wasserfarbe schwappt aus dem Glas und erlebt unglaubliche Dinge. Die Geschichten sind immer nur der Anfang – die Kinder sollen sie miterleben und weiterspinnen. Wer hat die Socke auf dem Weg zur Waschmaschine entführt? Was tut die blaue Wasserfarbe am Nachmittag? Darüber hinaus gibt die Autorin den Eltern Anregungen, wie sie die Vorstellungskraft ihres Kindes fördern können.

Autorin

Cornelia Nitsch studierte Sozialwissenschaften und arbeitet heute als erfolgreiche Autorin und freie Journalistin. Sie lebt mit ihrem Mann und ihren vier Kindern in der Nähe von Bad Tölz.

Von der Autorin sind bei Goldmann außerdem erschienen:
Kinderkrankheiten (16136)
Die schönsten Familienrituale (16212)
Die klassischen Erziehungsfallen (16228)

CORNELIA NITSCH

Der blaue Luftballon

Phantasiereisen zum
Vorlesen und Weiterspinnen

Mit Illustrationen
von Andrée Prigent

Mosaik
bei GOLDMANN

Umwelthinweis:
Alle bedruckten Materialien dieses Taschenbuches
sind chlorfrei und umweltschonend.

Vollständige Taschenbuchausgabe Juni 2000
Wilhelm Goldmann Verlag, München
in der Verlagsgruppe Bertelsmann GmbH
© 1997 Mosaik Verlag, München
in der Verlagsgruppe Bertelsmann GmbH
Originaltitel: Geschichten, die Kinder
kreativ und glücklich machen
Umschlaggestaltung: Design Team München
unter Verwendung von
Illustrationen von: Andrée Prigent
Druck: Elsnerdruck, Berlin
Verlagsnummer: 16277
Kö · Herstellung: Max Widmaier
DTP/Satz: Martin Strohkendl
Made in Germany
ISBN 3-442-16277-7

1 3 5 7 9 10 8 6 4 2

Inhalt

Vorwort

Nicht nur nachts in unseren Träumen wirken Bilder auf uns ein, die uns erfreuen, manchmal beunruhigen oder sogar ängstigen. Auch tagsüber tauchen plötzlich aus tiefsten Tiefen unserer Seele Bilder vor unserem inneren Auge auf. Zum Beispiel stellen wir uns eine Strandszene vor: Im Hintergrund das Meer, im Vordergrund ein Kind, das sich Sand durch die Finger rinnen lässt. Oder wir malen uns in Gedanken eine saftige grüne Wiese aus und sehen ein Pferd vor uns, das über diese Wiese galoppiert, immer im Kreis herum.

Ganz unterschiedliche Bilder nehmen wir in unserer Vorstellung wahr – bekannte oder unbekannte Bilder, flüchtige Bilder, die gleich wieder verschwimmen, oder bleibende, in die wir uns in aller Ruhe vertiefen können.

Jeder kennt diese inneren Bilder. Der eine lässt sich gerne darauf ein, versucht, sie festzuhalten, zu ergründen, und fragt sich: Warum habe ich gerade jetzt diese Bilder vor Augen? Der andere nimmt sie im Alltagstrubel hingegen kaum wahr oder schiebt sie schnell wieder zur Seite.

Mit offenen Augen träumen, in Phantasiebildern schwelgen, sich Szenen einbilden, ihnen nachhängen und sie ausschmücken – was von manchen Zeitgenossen als Zeit totschlagen, herumgammeln und unnütze Tagträume abgewertet wird, hat seinen Sinn – gerade und vor allem bei Kindern.

Im Kindergartenalter, im ersten Schuljahr lassen sie sich noch leicht animieren, in Gedanken zu spielen, sich auf Phantasien einzulassen, mal keine Reise nach außen zu unternehmen, in die weite Welt hinaus, sondern eine Reise nach innen anzutreten.

Innere Bilder helfen, das eigene Ich zu ergründen, denn sie reichen tiefer als unsere Gedanken und Gefühle, als das, was wir bewusst wahrnehmen. Sie sind interessante und wichtige Botschaften und vermitteln uns einen neuen Blickwinkel auf unser Dasein, neue Lebenserfahrungen.

Längst nicht alle Kinder sind in der Lage, nach innen zu schauen, denn viele sind einfach nicht geübt darin, ihre Vorstellungskräfte zu nutzen und ihre Phantasie spielen zu lassen. Sie haben noch nicht entdeckt, welche verborgenen Fähigkeiten in ihnen schlummern.

An diesem Punkt will dieses Buch ansetzen mit Geschichten zum Vorlesen oder Nacherzählen, mit Geschichten und Bildern, die zum Phantasieren und Träumen einladen und die Fähigkeit stärken, Assoziationen zu entwickeln, Kreativität freizusetzen, mit leisen, zarten, weichen und sinnlichen Geschichten zum Einfühlen und Nachempfinden.

Bei den Geschichten sind viele Extratipps zu finden, die den Sinn einer Reise nach innen verdeutlichen und zeigen, wie man ein Kind spielerisch und ohne Druck anleiten kann,

– seine Phantasie zu entdecken, zu entwickeln und seinen Geist zu schulen,
– seine Vorstellungskraft für die eigene Entwicklung zu nutzen,
– sich mit seinen inneren Bildern vertrauter zu machen, indem es damit spielt, die Bilder ausschmückt, Geschichten dazu erfindet.

Erstaunlich schnell entwickeln Kinder die Fähigkeit, nicht nur nach außen, sondern auch einmal nach innen zu schauen, die eigenen Vorstellungen zu erforschen, die verschiedenen Eindrücke festzuhalten und auf diese Weise sich selbst besser kennen zu lernen. Meist haben sie viel weniger Schwierigkeiten als die Erwachsenen, in ihre Phantasie abzuschwirren. Häufig ziehen sie die Großen einfach mit.

Gelingt es, gemeinsam mit anderen zu träumen, über die eigenen Vorstellungen zu sprechen, dann entsteht Vertrautheit und Nähe.

Die gewohnte Umgebung mit anderen Augen sehen

Zusammen Luftschlösser bauen

Spielzeug, Hausrat – das ganze Drum und Dran zu Hause schaut ein Kind durch die immer gleiche Brille an. Alle Dinge haben ihren gewohnten Platz und ihre bestimmte Funktion. Betrachtet es die vertraute Umgebung hingegen mal weniger nüchtern, weniger sachlich, sondern ganz bewusst mit anderen Augen, so werden die alltäglichen Dinge plötzlich lebendig und entwickeln ein Eigenleben. Eindrucksvolle Bilder lassen sich dann in der Phantasie ausmalen, prächtige Luftschlösser entstehen, und es macht Freude, alles genau anzuschauen – allein oder in Gesellschaft anderer.

Der Sonnenfleck

Ein Bild für Große und Kleine – für alle, die es sich gerade bequem gemacht haben, um ein Weilchen auszuspannen, und die mit offenen Augen träumen möchten.

Es ist Winter. Draußen ist es lausekalt, obwohl die Sonne scheint – mindestens drei Grad minus. Drinnen ist es wohlig warm, nicht nur, weil gut eingeheizt ist, sondern weil die Sonne in die Wohnung scheint. Durch drei Fenster fällt Sonnenlicht in die Küche und ins Wohnzimmer. Scheint die Sonne auch ins Schlafzimmer? Im Schlafzimmer steht ein breites Bett, zugedeckt mit einer weißen Bettdecke. Und auf das breite Bett, mitten auf die weiße Bettdecke, fällt strahlend helles, glitzerndes Sonnenlicht – warm, gemütlich und einladend.

Wer legt sich auf das breite Bett in die Sonne und träumt die Geschichte weiter?

Das Luftschloss

Mit Kindern mitten im Zimmer auf dem Boden ein Haus aus Bauklötzen bauen. Das Haus von allen Seiten betrachten und es in der Phantasie in ein Luftschloss verwandeln.

Heute Nacht kommen vier wunderschöne Elfen, nehmen das Haus mit, fliegen mit ihm zum Fenster hinaus, stellen es auf die dickste Wolke am Himmel, verwandeln das Haus in ein Luftschloss.

Was wird aus dem Luftschloss auf der Wolke und aus den vier Elfen?

Der Regenstrom

Zu zweit, zu dritt bei schlechtem Wetter am Fenster stehen, durch die Scheibe in den Regen schauen. In Gedanken dem Lauf des Wassers folgen (jeder für sich).

Regentropfen schlagen gegen die Fensterscheibe. Die Regentropfen perlen an der Scheibe ab, gleiten erst langsam, dann schnell und schneller in die Tiefe. Ein, zwei, drei – viele satte, dicke Regentropfen fließen ineinander, bilden ein Rinnsal. Aus dem schmalen Regenrinnsal entsteht ein breiter Strom. Der Strom wird breiter, immer breiter, fließt langsam und träge durch eine weite grüne Phantasielandschaft.

Wie sieht diese Phantasielandschaft aus? Wer lebt dort? Wo endet der Fluss?

Der alte Sessel

Gemütlich im Sessel sitzen mit einem Kind auf dem Schoß. Die folgende Geschichte erzählen, sie in der eigenen Vorstellung weiter verfolgen und darüber reden.

In einem kleinen Wohnzimmer, in einem kleinen Haus, an einer kleinen Straße gelegen, mitten in einem kleinen Dorf im Norden Englands steht ein alter Sessel, mit einem grünrot karierten Stoff bezogen. Jeden Nachmittag um fünf Uhr sitzt eine alte Dame mit lila Locken in dem Sessel, liest die Zeitung und trinkt eine Tasse Tee. Der Sessel, mit der Zeit wackelig, schief und krumm geworden, ist über hundert Jahre alt.

Wo stand der Sessel vorher? Wer war sein Besitzer? Was hat der alte Sessel zu erzählen?

Der Elefantentisch

Eine Bilderreise für zwei oder drei Mitspieler. Der erste Punkt: Die Beine hochlegen, bequem zurücklehnen. Der zweite: Die Elefantengeschichte zum Besten geben und gemeinsam weiterentwickeln.

Ein Elefant möchte am Tisch Platz nehmen. Der Tisch ist zu niedrig für einen Elefanten, viel zu niedrig. Weil der Tisch so niedrig ist, muss sich der Elefant bücken, um ihn zu erreichen. Der Elefant beugt sich vor. Dann beugt er sich noch mehr vor. Wie anstrengend ist es für einen Elefanten, sich dauernd zu bücken. Ich bin doch kein Turner, denkt der Elefant. So sehr er sich auch bückt, er kann den Tisch einfach nicht erreichen. Schließlich legt sich der Elefant hin. Endlich kann er den Tisch erreichen.

Was stellt oder legt der Elefant auf den Tisch? Bleibt er allein am Tisch liegen oder bekommt er noch Gesellschaft?

Karlchen

*Zusammen mit der Familie gemütlich um einen Tisch sitzen.
Den Kindern die Geschichte von Karlchen erzählen. Die Geschichte innerlich in einen »Film« umsetzen (jeder für sich).*

Karlchen ist kaum länger als ein Eierlöffel. Karlchen will einen
Küchenstuhl erklimmen. Der Stuhl ist so hoch wie ein Berg, je-
denfalls aus Karlchens Sicht. Trotzdem will er einen Kletter-
versuch wagen. Karlchen umklammert ein Stuhlbein mit Armen
und Beinen und zieht sich Stück für Stück an dem Stuhlbein
hoch. Wie mühsam! Schließlich, es ist kaum zu glauben, erreicht Karlchen wahrhaftig die Sitzfläche des Stuhls. Noch ein
letzter Klimmzug und endlich steht Karlchen oben. Er rennt
über die Sitzfläche und setzt sich mitten auf den Stuhl.

*Und was geschieht dann? Bleibt Karlchen allein auf dem Stuhl
sitzen oder gesellen sich andere zu ihm? Wer kommt dazu?*

FÜR ELTERN

Die Phantasie fördern?
Computer sind der Renner – auch schon bei kleinen Kindern. Nicht
wenige Eltern unterstützen diesen Trend. Die Folge: Immer mehr
Kinder trainieren heute in erster Linie ihr Denk-, Wahrnehmungs-
und Reaktionsvermögen. Fasziniert von der Technik, verbringen
sie einen Großteil ihrer Zeit damit, sie zu ergründen. Der Mangel
an anderen Lebenserfahrungen hat zur Folge, dass viele dieser
»Apparatekinder« unausgeglichen und überreizt sind. Ihnen fehlen
sinnliche, emotionale Erfahrungen.

Der Teekannenwuschel

Beim Teekochen oder -trinken eine Geschichte erzählen, die zum Phantasieren einlädt.

Nachts, wenn alle schlafen, nistet sich ein kinderhandgroßer, zitronengelber Wuschel mit rosa Schleife um den Hals in der Teekanne ein – jede Nacht wieder. Morgens verschwindet der Wuschel, bevor der Erste im Haus aufsteht. Er versteckt sich mit all seinen Sachen im Keller.

Wie sieht der zitronengelbe Wuschel mit der rosa Schleife aus? Was macht er den lieben langen Tag und nachts in der Teekanne?

Der rosa Strohhut

Die folgende Szene in allen Einzelheiten ausmalen und das Bild in einem Gedankenspiel mit Kindern zu Ende spielen.

Rosalinde, mit rosa Strohhut auf dem Kopf und grünen Stöckelschuhen an den Füßen, tänzelt über die Straße. Plötzlich kommt ein Windstoß. Der Wind wirbelt Rosalinde den rosa Strohhut vom Kopf.

Wohin fliegt der rosa Strohhut? Wer ist Rosalinde?

Der Stiefel

Einen Stiefel auf die Treppe stellen, dazu folgende Stiefelgeschichte erzählen und gemeinsam mit Kindern ausschmücken.

Der Stiefel langweilt sich. Wütend stampft er auf und sagt zu seinem Stiefelbruder: »Immer nur auf dem Flur herumstehen – wie blöde und sinnlos. Wann werden wir endlich wieder ausgeführt?« Gleich darauf kommt der Stiefelbesitzer, zieht die Stiefel an und stiefelt zur Haustür hinaus.

Wohin stiefelt der Stiefelbesitzer? Wohin möchte der Stiefel gehen? Wo fühlt er sich besonders wohl?

Der Teppich

Zusammen mit Kindern auf einem Teppich liegen, die folgende Teppichgeschichte erzählen und nach eigenen Vorstellungen weiterweben.

Der Teppich liegt im Flur, seit Jahren schon. In der Mitte ist er reichlich zerschlissen, seine Fransen sind dünn geworden und an der hinteren Kante ribbelt er auf. »Man sieht mir an«, seufzt der blaugrünrotgelb gewebte Teppich, »dass ich seit Jahrzehnten im Wohnzimmer liege. Alle trampeln auf mir herum. Riesengeschichten könnte ich erzählen, wer auf mir schon gelegen oder gesessen hat oder über mich gelaufen ist!«

Wer erzählt weiter?

Der Sorgentopf

Mit Kindern um den Tisch sitzen. Einen Topf mitten auf den Tisch stellen.

In Gedanken Sorgen sammeln. Die Sorgen in den Topf werfen.

Den Topf mit Wasser füllen. Das Wasser aus dem Topf leeren und so alle Sorgen wegspülen.

Welche Sorgen wandern in den Topf?

Wenn ein Teddy nachtwandelt

Auf dem Rücken liegen. Von Kopf bis Fuß entspannen. Dem Kind einen Teddybären mitten auf den Bauch setzen. Beim Einatmen hockt der Teddy auf einem Hügel, beim Ausatmen sackt er in ein Loch. Ruhig ein- und ausatmen und dabei die Geschichte vom Teddy weiterdenken – eine Geschichte, in der Unmögliches möglich ist.

Auf deinem Bauch sitzt ein Teddy. Der Teddy hat ein Geheimnis: Wenn du nachts schläfst, ist er hellwach. Der Teddy schleicht auf leisen Bärentatzen zu deinem Bett, klettert am Bettpfosten hoch, wandert über deine Bettdecke, streichelt mit seiner dicken, weichen Tatze deine Nase, flüstert dir Träume ins Ohr, horcht, ob du schön ruhig und gleichmäßig atmest, legt sich aufs Kopfkissen neben dich, ruht sich ein Momentchen aus, um seine Wanderung durchs Kinderzimmer dann fortzusetzen.

Welche Träume träumt ein Teddy? Wohin wandert er? Wen trifft er auf seiner Wanderung?

FÜR ELTERN

Phantasiespiele fördern die Entwicklung

Zu Hause und im Kindergarten werden Kindern häufig Lernspiele angeboten, die die kognitiven Fähigkeiten fördern, und zwar in der Annahme, diese Spiele seien besonders »wertvoll« für die kindliche Entwicklung. Experten betonen dagegen den Wert phantasievoller Spiele, die in besonderem Maße die Kreativität, die Konzentrationsfähigkeit und die Sprachentwicklung fördern und damit auch die Lernfähigkeit.

Die Socken

Beim Sockenzusammenlegen Kindern einen Sockenkrimi erzählen.

Leicht angestaubt wandern die Socken alle paar Tage und immer zu zweit in die Wäsche. Erst in den Wäschekorb, dann in die Waschmaschine. Meistens kommt nur eine Socke aus der Wäsche zurück, traurig darüber, dass die Schwester nicht mehr mit ihr im Schrank liegt.

Wo ist die andere Socke geblieben? Was macht sie? Warum ist es so grässlich, allein im Schrank zurückzubleiben?

Der Feuermann

Mit Kindern um einen Tisch sitzen. Eine Kerze auf den Tisch stellen, diese anzünden und vom Feuermann erzählen.

Der Feuermann ist ein Wüterich. Er ärgert sich über alles und jeden. Ist er schrecklich wütend, dann macht er ein Feuerchen, tanzt wie Rumpelstilzchen um das Feuerchen und schimpft sich die Seele aus dem Leib.

Worüber regt sich der Feuermann auf?

Das Puppenfest

Kindern eine Puppengeschichte erzählen. Die Puppen in der eigenen Vorstellung lebendig werden lassen.

Nachts, unbemerkt von allen anderen, feiern die Puppen ein Fest im Puppenhaus. Sie tafeln und tanzen und verschwinden erst im Morgengrauen in ihren Puppenbetten.

Was und wie feiern die Puppen? Wie verläuft das »Wunsch«-Fest?

Die Puppe in der Puppe

Das Kind auf den Schoß nehmen, streicheln, von Sofie erzählen. Die Geschichte einen Moment nachwirken lassen und dann gemeinsam weiterdenken.

Sofie nimmt die Puppe in die Hände und betrachtet sie genauer. Die Puppe ist aus Holz, knallrot und gelb lackiert. Sie hat einen dicken Bauch und ein freundliches Gesicht. Nicki hat Sofie die Puppe geschenkt und gesagt: »Die Puppe hat ein Geheimnis. Welches Geheimnis – das musst du selbst herausfinden!« Sofie dreht die Puppe in ihren Händen, stellt sie auf den Kopf und entdeckt eine Ritze mitten auf dem Bauch der Puppe. Die Puppe lässt sich öffnen. In der großen Puppe steckt eine kleinere, giftgrün und orange lackiert.

Findet man noch weitere Puppen in der Puppe mit dem dicken Bauch und dem freundlichen Gesicht? Wie sieht ein Puppenleben aus? Wie spielt Sofie mit den Puppen?

Das verrückte Auto

Ein Entspannungsspiel, das hilft, langweilige Autofahrten besser zu überstehen. Einer erzählt die Geschichte vom verrückten Auto, andere folgen dem Auto in Gedanken und entwickeln eigene Vorstellungen, die später zum Besten gegeben werden.

Ist kein Mensch zu Hause, macht sich das kleine Rennauto aus dem Spielzeugkorb selbstständig. Es fährt die Spielzeugkorbwand hoch, hüpft über den Spielzeugkorbrand, springt auf den Boden, flitzt im Zickzackkurs durch das Kinderzimmer, stoppt kurz vor der Tür und rattert senkrecht die Wand hoch.

Wohin fährt das Auto dann? Was erlebt es unterwegs?

Die Blumenwiese

Eine gelbe Blume mitten auf den Tisch legen und mit ein paar Worten eine Geschichte skizzieren.

Auf der Wiese hinter dem Haus wächst alle Jahre wieder eine besondere Blume. Sie ist gelb wie Honig. Sie duftet nach Honig. Und sie schmeckt nach Honig. Ein Mädchen pflückt die Blume ab, nimmt sie mit nach Hause, trocknet sie und klebt sie in ein Album.

Wie endet die Geschichte?

Streit im Federmäppchen

In eine Sofaecke kuscheln, ein Kind auf dem Schoß, und in Gedanken in ein Federmäppchen spazieren.

Ein roter Füller lebt in einem gelben Ledermäppchen zusammen mit zwei Bleistiften – einem kurzen und einem langen –, mit drei Filzstiften, einem Radiergummi und einem Anspitzer. Zu acht in einem Federmäppchen leben – das ist mehr als anstrengend. Die Acht kommen sich in die Quere. Vor allem der Füller beansprucht reichlich Platz. »Du brauchst einfach zu viel Raum«, meint der kurze Bleistift.

Wer kann sich das Leben der Acht im Federmäppchen ausmalen? Wie sehen ihre Freuden und Nöte aus?

Wenn Stifte sprechen

Mit einem Kind auf dem Schoß am Tisch sitzen. Mit einem Stift Phantasiebilder auf Papier kritzeln. Den Stift aus der Hand legen und folgende Geschichte erzählen.

Lotte sitzt am Tisch und zeichnet. Plötzlich spricht der Stift, den sie in der Hand hält, mit ihr. Der Stift sagt: »Wenn's nach mir ginge, würdest du andere Bilder zeichnen. Aufregende, wunderbare, einmalige Bilder!« Lore lässt den Stift fallen.

Was meint der Stift? Was soll Lore zeichnen?

Der Apfel

Zu zweit einen Apfel essen. Immer abwechselnd in den Apfel beißen. Während der echte Apfel langsam verschwindet, in der Phantasie einen neuen Apfel schaffen.

Der Apfel riecht nach Frühlingswiese. Er ist rot und hat eine glatte Haut, glänzt blank poliert in der Sonne. Er hat einen kurzen, dunkelbraunen Stängel und festes, saftiges Fleisch.

Wem läuft das Wasser im Mund zusammen? Wer hat den Apfel vor Augen?

Das Blau

Ein Glas mit Wasser füllen. Mit einem dicken, feuchten Pinsel blaue Farbe aus dem Wasserfarbenkasten entnehmen. Den Pinsel kurz ins Wasser halten. Mit Kindern zuschauen, wie sich die Farbe im Wasser verteilt und auflöst.

Das Blau springt ins Wasser, dreht sich, breitet die Arme aus, tanzt, bleibt stehen und macht sich schließlich unsichtbar.

Wer erzählt, was das Blau sonst noch alles tut?

Blubberbrei

Die Geschichte vom Blubberbrei Kindern beim Essen erzählen.

Eine Köchin steht am Herd und rührt mit einem Holzlöffel Grießbrei in einem großen Topf an. Der Brei wird dick und dicker, köchelt und blubbert. Er blubbert nicht nur, sondern beginnt plötzlich zu sprechen: »Ich bin ein Zauberbrei. Wer von mir kostet, verwandelt sich in das Wesen, das er gerne sein möchte!« Das lässt sich die Köchin nicht noch einmal sagen. Sie probiert den Brei. Und schon steht keine Köchin mehr am Herd, sondern ein schwarzgelb gestreifter Tiger. Vor Schreck lässt der Brei das Blubbern.

Wer möchte welche Gestalt annehmen und warum?

Kaffeetropfen

Ein Spiel, das zum Mitmachen einlädt, wenn die Familie um den Kaffeetisch sitzt. Der erste Schritt: Ein Bild vorgeben, das zum Weitermachen einlädt.

Ein Tropfen Kaffee hängt am Rande eines weißen Porzellanbechers. Der Becher ist mit heißem Kaffee gefüllt. Der Tropfen Kaffee löst sich vom Becherrand, rinnt langsam und träge am Becher hinunter. Er verwandelt sich in einen modderigen Schlammsee. In dem modderigen Schlammsee lebt ein seltsames, unförmiges Ungetüm, von Kopf bis Fuß mit braunem Fell bewachsen, mit langen Schlappohren und Schwimmhäuten zwischen den Fingern und Zehen. Das Ungetüm aus dem modderigen Schlammsee beginnt sein Unwesen zu treiben.

Was macht und tut das Ungetüm?

FÜR ELTERN

Behutsam zum Träumen anleiten

Wer auf Phantasiereise gehen möchte, muss die Reise vorbereiten und mit dem Mitreisenden darüber reden: »Kennst du das – du siehst in Gedanken ein Bild genau und in allen Einzelheiten vor dir, deutlich wie in einem Film, und Sekunden später ist dieses Bild wieder verschwunden!« Man sollte von eigenen Tagtraumerlebnissen berichten, mit dem Kind Erfahrungen austauschen. Später kann man ein Bilderthema vorgeben und das Thema im Zwiegespräch mit dem Kind weiter verfolgen.

Im Wald, auf der Wiese, im Garten:
In den Tag hineinträumen

Die Wolken
vom Himmel holen

Kinder gehen in Gedanken oft spazieren: im Garten, am Bach entlang, über eine Brücke oder zu einer Quelle. Sie wandern durch ihre Phantasie und sammeln neue Eindrücke. Manchmal nehmen sie Erwachsene auf diese Spaziergänge mit und lassen sich dabei sogar an die Hand nehmen. Sie gestatten, dass ihre Schritte vorsichtig in eine bestimmte Richtung gelenkt werden – dahin, wo es Interessantes zu entdecken gibt: neue Bilder, neue Erfahrungen. Es macht den Kleinen Freude, zusammen mit den Großen in Gedanken durch Feld, Wald und Wiese zu laufen. Im folgenden Kapitel finden Eltern viele Tipps für Wanderungen durch die Phantasie.

Sonnenstrahlen

Mit Kindern auf einer Bank in der Sonne sitzen und die Sonne genießen. Eine Sonnengeschichte erzählen und abwechselnd weiterspinnen.

Es ist schönes Sommerwetter. Die Sonne scheint. Die Sonnenstrahlen gehen im Park spazieren. Der erste Sonnenstrahl kitzelt ein kleines Mädchen an der Nase. Das Mädchen muss niesen. Der zweite Sonnenstrahl scheint einem Hund in die Augen. Der Hund muss blinzeln. Der dritte Sonnenstrahl scheint in eine Blüte. Die Blütenblätter öffnen sich weit.

Wohin scheinen die übrigen Sonnenstrahlen?

Die Sonnenkönigin

Mit einem Kind an der Hand durch den Garten gehen. Von der goldenen Kugel und der Sonnenkönigin erzählen.

Auf einem Sonnenstrahl rollt eine goldene Kugel vom Himmel auf die Erde. Die goldene Kugel bleibt mitten im Garten auf dem grünen Rasen liegen. Die goldene Kugel glitzert und funkelt. Wer sich in der Kugel spiegelt, sieht nicht die eigene Person, sondern eine strahlend schöne Königin: die Sonnenkönigin. Lächelnd sagt sie: »Wenn du einen Wunsch hast, wird er erfüllt, sobald du die goldene Kugel einmal in den Händen drehst!« Dann verschwindet das Bild der Sonnenkönigin auf der goldenen Kugel.

Welcher Wunsch soll in Erfüllung gehen?

Der Schattenmann

Ein sommerliches Schattenspiel. Mit Kindern ihre Schatten betrachten, die Schatten verändern. Dann die Geschichte vom Schattenmann erzählen und gemeinsam weiterentwickeln.

Der Schattenmann mag nicht mehr hinter anderen herlaufen. Er möchte selbst bestimmen, wo er steht, geht, sitzt, liegt und läuft. Deshalb rennt der Schattenmann eines Tages einfach auf und davon, weg aus der Sonne in den düsteren Wald hinein. Hier findet mich keiner, denkt er und fühlt sich rundherum wohl. Endlich kann er seine Freiheit genießen.

Wie endet die Geschichte?

Wassertreten

Mit Kindern in der Sommersonne sitzen. Die Augen schließen. An einen kühlen Gebirgsbach denken und gleichzeitig die Kinder mit ein paar Worten animieren, in Gedanken mit an den Gebirgsbach zu kommen.

Der Bach, der aus dem Gebirge kommt, hat ein breites Kiesbett. Überall liegen große, vom Wasser blank und glatt gescheuerte Steine. In der Mitte fließt klares Wasser, das über die Steine springt und quirlt. Es gluckst und plätschert.

Wir möchten schnell hineingehen ins Wasser, die Socken und die Schuhe ausziehen, mit nackten Füßen in den Bach treten und die Luft anhalten, denn das Wasser ist kalt.

Ist das Wasser zu kalt oder angenehm kalt? Wem gefällt es am Bach und warum?

Die Quelle

Mit Kindern an einem Bach sitzen. Nicht nur die Seele, sondern auch die Füße baumeln lassen. In Gedanken den Bach durch die Wiesen, durch den Wald, den Hügel hinauf zurück bis zur Quelle verfolgen.

Glockenblumengarten

Mit einem Kind an der Hand durch einen Garten gehen. Die Glockenblumengeschichte erzählen und das Bild in Gedanken weitermalen – zu zweit oder allein.

Kleine Blumen, nicht höher als Löwenzahn, mit weißen, fingerspitzengroßen Glocken wachsen rechts im Garten, gleich neben dem Gartentor. Sie wachsen zwischen grünen, würzig duftenden Kräutern und niedrigem Gehölz. Die weißen, fingerspitzengroßen Glocken wippen auf dünnen Stängeln im Winde. Sie hüpfen froh und munter, hängen nicht bleiern schwer an den Stängeln wie die lavendelblauen, daumenlangen Glocken, die vor einer mit Efeu bewachsenen, windschiefen Steinmauer stehen.

Was wächst außerdem noch in diesem Garten? Wie leben die Blumen, wie die Tiere in diesem Garten?

FÜR ELTERN

Alle Bereiche des Denkens aktivieren

Die Menschen versuchen, die Welt vor allem mit Hilfe von Vernunft und Sachverstand zu begreifen. In der Schule werden kognitive Lerninhalte vermittelt, und die meisten Kinder reagieren gelangweilt darauf. Wäre im Unterricht häufiger von emotionalen Erlebnissen die Rede, wären sicherlich mehr Kinder interessierter bei der Sache, könnten häufiger eigene Erfahrungen einbringen und alle Bereiche ihres Denkens und Fühlens aktivieren.

Schäfchen

Auf einem Spaziergang Kindern eine Geschichte zu weißen Schäfchenwolken erzählen, die am Himmel stehen. Oder sind die Wolken in Bewegung? Den Wolken erst mit den Augen, dann in der Phantasie eine Weile folgen. In den Wolken große und kleine Schafe sehen.

Es ist nicht einfach für eine Schafmutter, ihre kleinen Schäfchen zusammenzuhalten. Dauernd reißt ein Schäfchen aus und ist auf Abwegen. Ein Schäfchen kehrt den anderen den Rücken zu und will keinen Schritt mehr weitergehen. »Ich kann nicht mehr!«, blökt es. »Natürlich kannst du noch!«, sagt seine Mutter. »Schau mal, die anderen ziehen auch weiter! Und nachher gibt es frisches Gras und Löwenzahn zum Nachtisch!«

Wer malt sich in seiner Vorstellung das Ende der Geschichte aus?

Wolkenträume

Zu zweit, zu dritt nebeneinander auf einer Sommerwiese liegen. Tief und ruhig durchatmen, in den Himmel träumen und den Wolken nachschauen.

Die Luft ist warm. Über den Himmel ziehen dicke, weiße Wolken – Wolken, die wie Schäfchen aussehen, Wolken, die sich zu Gebirgen auftürmen, Wolken, die an Gesichter erinnern.

Wer erkennt welche Bilder in den Wolken? Wer malt später Wolkenbilder mit Wasserfarbe auf Zeichenpapier?

Ein Weg ins Nirgendwo?

Mit Kindern auf einer Wiese liegen. Die Augen schließen. In der Phantasie eine Hügellandschaft malen (jeder für sich). Mitten in die Landschaft einen Weg zeichnen, der sich in vielen Kurven über die Hügel schlängelt. Den Weg in Gedanken verfolgen. Wohin führt er?

Der Wolkenkratzer

Liegestuhl an Liegestuhl mit einem Kind in den Himmel träumen, an Wolkenkratzer denken und im Wechsel Geschichten dazu ausdenken oder ausmalen.

Ein gläserner Wolkenkratzer steht hinter den sieben Bergen, ganz allein mitten im Wald. Weit und breit ist kein Mensch zu sehen. Wer ihn findet, kann mit einem Fahrstuhl bis zur Spitze des Wolkenkratzers fahren. Man muss nur auf den roten Knopf drücken, schon beginnt die Fahrt. Der Fahrstuhl steigt höher und höher. Er steigt über die ersten Wolken hinaus. Noch höher – über die geschlossene Wolkendecke hinaus, noch höher bis …

Wo endet der Wolkenkratzer?

Der Baumgeist

Hand in Hand mit einem Kind vor einem alten, verwitterten Baum stehen. Die Rinde aus der Nähe studieren, nach Bildern in den Linien suchen. Vorher von dem alten Apfelbaum und dem Baumgeist erzählen.

Der Apfelbaum ist fünfzig oder vielleicht auch hundert Jahre alt. Seine Rinde ist verwittert und geborsten, blättert vom Baum ab wie die Farbe von einem alten, rissigen Bild. Im Apfelbaum versteckt sich ein Geist, der ebenso alt ist wie der Baum. Wer nach dem Geist sucht und genau hinschaut, kann seine knorrige Gestalt vielleicht entdecken: ein verhutzeltes, gebeugtes Geisterwesen, schief und krumm gewachsen wie der alte Apfelbaum.

Wer entdeckt weitere Bilder in der Rinde?

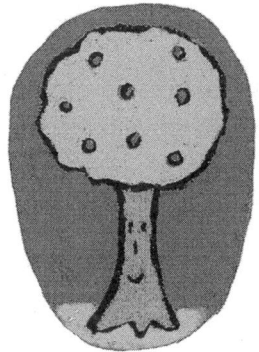

Blätterträume

Im Sommer zu dritt oder zu viert auf dem Rücken unter einem alten, mächtigen Laubbaum liegen, in die Baumkrone schauen und träumen (jeder für sich).

Unendlich viele Blätter hat der Baum. Kleine Blätter. Große Blätter. Blätter, die im leisen Wind sanft rascheln, bei starkem Wind rauschen wie das Meer. Blätter, die sich wiegen. Blätter, die aufgeregt tanzen. Blätter, die im Sonnenlicht flimmern. Blätter, die Schatten werfen. Blätter, die nach Sommer duften. Blätter, die in ihrem satten, dunklen Grün Erholung für die Augen sind.

Welche Bilder kommen Kindern in den Sinn, wenn sie die Baumkrone betrachten?

Wolke Nummer sieben

Auf einer Wiese liegen, gemeinsam mit Kindern den Wolken nachschauen. Einen Wolkentraum mit ein paar Worten andeuten und in Gedanken weiterverfolgen.

Ich stelle mir vor, ich säße auf einer weißen Wolke. Auf einer Wolke so weich wie ein dickes Federbett, so süß wie Zuckerwatte vom Jahrmarkt, so frisch wie geschlagene Sahne, so schaumig wie Eischnee. Ich ließe die Beine von der Wolke baumeln und schaute hinab auf euch alle.

Was gibt es dort unten zu sehen?

Jahresringe

Zusammen mit Kindern auf einem Waldspaziergang einen Baumstamm suchen. Die Jahresringe im Holz zählen. Die Geschichte des Baums in Gedanken nachvollziehen und abwechselnd die Lebensgeschichte erzählen.

Mitten im Wald, dicht an der Straße zwischen einer jungen Eiche und einer jungen Buche, lebt der Baum. Es ist ein hoher Baum, ganz gerade gewachsen. Er überragt alle anderen Bäume. Früher stand er ganz allein, dicht neben der Straße. Die Straße war auch keine Straße, sondern ein huckeliger, buckeliger Feldweg, gespickt mit tiefen Pfützen.

Was hat der Baum in seinem Leben alles gesehen?

FÜR ELTERN

Mehr sinnliche Erfahrungen

Die Entwicklung zu immer mehr Technik, immer mehr Wissen und Rationalität betrachten längst nicht alle Eltern erfreut, sondern immer mehr mit Skepsis. Sie versuchen gegenzusteuern, wollen ihren Kindern mehr sinnliche Erfahrungen bieten, bemühen sich, alles in Einklang zu bringen:
• auf der einen Seite Phantasie, Poesie, Emotionen
• auf der anderen Wissen und Rationalität.
Ihnen ist klar, dass sich beide Seiten ergänzen, dass Wissen allein eben nicht Macht ist und die Seele Schaden nimmt, wenn die Träume vernachlässigt werden.

Ein Blatt geht auf Reisen

Zusammen mit Kindern auf einer Brücke stehen. Ein Blatt in den Fluss unter der Brücke werfen. Dem Blatt nachschauen und es in Gedanken auf seiner Reise den Fluss hinunter begleiten.

Das Blatt dreht sich im Wasser, geht unter, taucht wieder auf, bleibt an einem Ast hängen. Es reißt sich los und trudelt weiter.

Was erlebt das Blatt auf seiner Reise?

Der rosa Himmel

Auf einer Autofahrt über Landstraßen einem Kind die Geschichte von den sechs Bäumen erzählen und es dann seinen Träumen überlassen.

Es wird Abend. Die Sonne ist untergegangen. Der Himmel färbt sich tiefrosa. Vor dem rosa Himmel schwebt ein zarter grauer Nebelschleier. Vor dem Nebelschleier auf einer Hügelkuppe sind sechs Bäume zu sehen: eine Eiche, eine Linde, eine Buche, eine Erle, ein Ahorn und eine Tanne. Die Bäume stehen auf einer Höhe nebeneinander – der immer gleiche Abstand zwischen ihnen. Die sechs Bäume kennen sich seit ewigen Zeiten. Sie verbringen das ganze Jahr miteinander: Winter, Frühling, Sommer und Herbst. Sie mögen sich, aber manchmal geraten sie auch in Streit.

Wer träumt die Geschichte weiter?

Im Galopp durch die Steppe

Die Augen schließen. An ein Pferd denken. Mit dem Pferd in Gedanken über Stock und Stein reiten.

Das Pferd ist mächtig und stolz. Sein Fell ist schwarz wie Ebenholz. Es hat freundliche Augen. Auf seinem Rücken liegt ein hellbrauner Sattel.

Wer steigt auf, ergreift die Zügel und prescht im Galopp über Wiesen und Felder?

Laubrascheln

Den Alltag vergessen. Einfach abschalten. Tief durchatmen. In der Phantasie einen Herbstspaziergang unternehmen. Die Kinder fragen, ob sie mitkommen möchten. Immer abwechselnd die Bilder beschreiben, die jedem dabei in den Sinn kommen.

Durch den Wald laufen. Mit den Füßen Laub zusammenkehren. Durch das Laub gehen, extralaut rascheln. Laub mit den Füßen aufwirbeln. Ein trockenes Blatt vom Boden aufheben. In der Hand zerbröseln, bis es zu Staub geworden ist.

Was lässt sich noch mit Laub machen?

Der König

Mit Kindern über Bäume sprechen, über ihre Form, über ihr Leben. Dann vom König erzählen. Die Geschichte gemeinsam ausmalen. Den König später zusammen malen.

Der König steht mitten auf einem Hügel, ganz allein und kerzengerade. Er ist schön. Er trägt eine prächtige Krone und wirkt schon von weitem sehr majestätisch.

Das kleine Grün

Ein grünes Blatt von einem Herbstspaziergang mit nach Hause bringen, das Blatt anfeuchten, an eine Fensterscheibe kleben. Es zusammen mit Kindern in aller Ruhe betrachten. Die folgende Geschichte dazu erzählen und nachwirken lassen.

Das kleine Grün wohnte einen Sommer lang in der zweiten Etage auf einer Buche. Eines Abends braute sich über der Buche ein übles Gewitter zusammen mit Blitz, Donner und Sturm. Der Sturm fegte das kleine Grün vom Baum, wirbelte es durch die Luft und warf es auf den Boden unter der Buche. Das kleine Grün fror auf dem feuchten Boden und sah traurig zu der Buche auf: Oben in der zweiten Etage lebte es lieber als hier unten auf dem Boden.

Der Aussichtsturm

Die Augen schließen. Die Seele baumeln lassen. In Gedanken auf einen Aussichtsturm steigen. Von dem Aussichtsturm in die Lande schauen und mit den Augen in die Ferne spazieren.

Das rote Blatt

Auf einem Herbstspaziergang mit Kindern ein rotes Blatt suchen und dazu die folgende Geschichte erzählen.

Das rote Blatt lebt unter lauter grünen, gelben und braunen Blättern unter den Büschen hinten im Garten. »Noch nie habe ich ein so eigenartiges Blatt gesehen! Quietschrot ist es – das passt nicht zu uns!« sagt ein gelbes Blatt zu dem grünen, das gleich neben ihm liegt. »Schon sehr auffällig«, meint auch das grüne Blatt. »Ich weiß nicht, was es da zu meckern gibt«, sagt das braune Blatt. »Sieht doch wunderbar aus – das rote Blatt! Freut euch daran, statt die Nasen zu rümpfen!«

Wie endet die Geschichte?

Das lebendige Buch

Alexa sitzt im Schneidersitz im Gras, hinten im Garten bei den Rosen, den Rücken an eine Mauer gelehnt. Alexa liest. Seit Stunden schon liest sie in ihrem Buch. Es ist ein spannendes Buch mit vielen Bildern. Auf einmal werden die Buchstaben in dem Buch lebendig. Ein E richtet sich auf, rennt über die Seite und springt aus dem Buch. Ein I und ein S folgen dem E und rufen: »Nimm uns mit!« Nicht nur die Buchstaben, sondern auch die Bilder werden lebendig. Eine Ente streckt plötzlich ihren Schnabel in die Luft, kriecht aus dem Papier, watschelt über die Buchseite und verschwindet quakend in Alexas Hosenbein.

Was wird aus der Geschichte? Wer malt sie weiter aus?

FÜR ELTERN

Zur Ruhe kommen beim Träumen mit offenen Augen
Wer seine Gedanken und Gefühle in innere Bilder umsetzt, kommt dabei innerlich zur Ruhe. Viele Eltern finden schnell heraus, dass sich dieses »Spiel« gut als abendliches Einschlafritual eignet.

Wo Milch und Honig fließen

Viele, sowohl Große als auch Kleine, leiden unter Fernweh, gehen deshalb in Gedanken gerne auf Weltreise und erleben im Kopf Abenteuer im Urwald, in der Wüste oder auf dem Meer. Gehen Eltern und Kinder gemeinsam auf Phantasiereise rund um den Globus, wird die Reise doppelt aufregend, denn es gibt einiges zu erforschen: Wer träumt von welchen Ländern? Wie lassen sich die verschiedenen Empfindungen beschreiben? Gemeinsam Bilder zu entwickeln und durch die Phantasie zu reisen, das ist nicht nur eine Chance, eigenen Sehnsüchten und Gefühlen auf die Spur, sondern auch einander näher zu kommen.

Das Land, wo Zitronen blühen

Durch eine Pappröhre wie durch einen Feldstecher gucken. Mit dem »Feldstecher« ein Phantasieland entdecken. Dieses Land näher beschreiben. Danach die Rolle tauschen. Jetzt schaut sich ein Kind das Phantasieland näher an.

Auf den ersten Blick ist alles grün in meinem Land, hellgrün. Auf den zweiten Blick sind ein paar gelbe Tupfen in dem Hellgrün zu erkennen. Auf den dritten Blick sieht man Bäume, Bäume mit hellgrünen Blättern und dicken, gelben Zitronen.

Was ist außerdem noch zu sehen? Wie riecht es in diesem Land? Ist es ein Land zum Wohlfühlen oder doch nicht?

Der gelbe Luftballon

Einen gelben Luftballon aufblasen. Den Ballon in die Luft werfen, mit der flachen Hand auffangen, erneut hochwerfen. Gleichzeitig vom gelben Luftballon erzählen – eine Geschichte zum Weiterträumen.

Der gelbe Luftballon ist mit Gas gefüllt. Michel hält ihn an einer Schnur fest. Plötzlich lässt Michel los – aus Versehen natürlich. Der Luftballon fliegt davon, steigt höher und höher in den Himmel hinauf.

Wohin fliegt der Luftballon? Wo wird er landen? Wer wird ihn finden?

Unterwegs mit dem fliegenden Teppich

Auf einer Wiese liegen, alle Viere von sich strecken, in den Himmel schauen. Vom fliegenden Teppich erzählen und die Geschichte gemeinsam mit Kindern weiterspinnen.

Wir sitzen im Schneidersitz auf einem fliegenden Teppich und schweben unter einem wolkenlosen, blauen Himmel über ein weites, leeres Land. Wir fliegen über eine Steppe im Süden Russlands. Unter uns sehen wir nichts als Gras und …

Wohin segelt der fliegende Teppich? Ist es windig da oben oder windstill? Wem wird schwindelig beim Hinunterschauen?

Drachenfliegen

Ein Phantasiespiel: Mit Kindern über das Drachenfliegen sprechen. Eigene Vorstellungen, Sehnsüchte oder Vorbehalte beschreiben.

Wir rennen den Hügel hinab mit dem Drachen auf dem Rücken. Wir stoßen uns von der Erde ab und starten. Mit dem Drachen schweben wir durch die Lüfte. Wir lassen uns vom Wind vorwärts tragen. Wir werfen einen letzten Blick zurück, dann schwirren wir einfach ab. Wir fliegen über die Berge, über das Meer, über die Wüste, über die Städte.

Wohin geht der Flug? Wie ist das Gefühl, durch die Lüfte zu gleiten? Ist es angenehm oder löst es auch Ängste aus?

Der Fesselballon

Im Garten den Sommer genießen. Gemeinsam mit Kindern in den Himmel träumen. Mit Familie Musch auf Reisen gehen.

Heute ist ein herrlicher Tag für einen Familienausflug. Herr Musch, Frau Musch und die zwei Töchter Musch fliegen mit einem Fesselballon durch die Lüfte. Es ist einfach wunderbar, was von oben da unten zu erkennen ist. Klein wie Spielzeuge sind die Autos, die Häuser, die Bäume – eine Puppenlandschaft tut sich auf. Frau Musch sagt: »Endlich sehe ich, was ich immer schon sehen wollte. Ein Traum wird wahr!«

Welcher Traum wird für Frau Musch wahr? Wer hat eigene Reiseträume? Welche Träume sind das?

Europareise

Ein Spiel. Mit einem Fuß einen flachen Stein vor sich her über einen Weg schießen. In der Phantasie aus dem Stein ein Auto werden lassen. In Gedanken mit dem Auto fahren.

Die Reise beginnt im Süden Italiens, führt über Österreich nach Deutschland, von Deutschland nach Dänemark, von Dänemark über Schweden nach Finnland.

Was kann man unterwegs vom Auto aus sehen? Was ist interessant, was nicht so interessant? Was ist es für ein Gefühl, durch die Lande zu flitzen, allein im Auto? Wie ist die Stimmung?

Der rote Faden

Mit Kindern die folgende Geschichte zu Ende denken. Erst jeder für sich weiterdenken, dann gemeinsam die Geschichte weiterspinnen.

Marie wacht auf. Vor ihrem Bett liegt ein roter, dicker Wollfaden – eigenartig. Woher kommt der Faden? Marie steht auf, nimmt das Fadenende in die Hand, wickelt den Faden auf, immer um die linke Hand herum. Der Faden will kein Ende nehmen. Er führt Marie aus ihrem Zimmer, durch den Flur, durchs Fenster in den Garten hinaus.

Wo endet der Faden, und wie endet die Geschichte?

Grüne Limonade

Mit Kindern in der Küche sitzen. In Gedanken zusammen mit ihnen aus der Küche hinaus in die große weite Welt ziehen.

Ein Glas randvoll mit grüner Limonade steht auf dem Tisch. Der Tisch ist in der Küche, die Küche im Haus, das Haus im Garten, der Garten im Dorf, das Dorf in England, England in Europa. Die grüne Limonade rinnt aus dem Glas, fließt über den Tisch, aus der Küche, aus dem Haus …

Wohin fließt die grüne Limonade? Wer folgt ihrer Spur?

Das Zauberschiff

Auf einer langen Autofahrt sich mit den Kindern auf eine Phantasiereise begeben – in der Phantasie allerdings mit dem Schiff unterwegs sein.

Das Zauberschiff segelt nicht von Europa nach Amerika und auch nicht von Amerika nach Afrika. Das Zauberschiff segelt nicht über die Weltmeere, sondern durch verschiedene Zeiten. Es nimmt hundert Passagiere an Bord und beginnt seine Reise gleich heute. Es segelt zurück in die Zeiten, als es keine Autos gab und kein elektrisches Licht, als die Menschen noch zu Pferde oder in Kutschen unterwegs waren und bei Kerzenlicht zu Hause saßen.

Wohin reist das Zauberschiff?

Im Schlaraffenland

In der Sonne liegen und vom Schlaraffenland träumen. Andere mitträumen lassen.

Wir sind im Schlaraffenland, im Land, wo Milch und Honig fließen. Dort, wo Goldtaler an den Bäumen, Himbeertorten auf den Feldern, gebackene Hähnchen an den Sträuchern und Schokoladenmäuse auf den Wiesen wachsen. Dort, wo die Kinder von morgens bis abends singen, tanzen, lachen, ins Kino gehen und Fußball spielen und ganz bestimmt keine Hausaufgaben machen müssen.

Wer träumt weiter?

Glückslichter

Mit einem Kind am Fenster sitzen. Mit einem Taschenspiegel die Sonne einfangen. Den Lichtpunkt durchs Zimmer tanzen lassen und folgende Geschichte erzählen.

Dieser Lichtpunkt ist ein Glücksbringer. Wenn er auftaucht, bringt er den Menschen Glück und Segen. Er wandert durch die ganze Welt: von Osten nach Süden, von Süden nach Westen, von Westen nach Norden, von Norden nach Osten, von Osten nach Westen, von Norden nach Süden.

Wohin soll der Lichtpunkt wandern? Wem soll er Glück und Segen bringen?

FÜR ELTERN

Ein Lernprozess: nach innen schauen
Animiert man sie, sprühen Kinder vor Phantasie. Im Gegensatz zu vielen Erwachsenen, die schon festgefahren sind in ihren Vorstellungen, haben sie meist keine Schwierigkeiten damit, auf Wolken zu reisen. Wird ihre Vorstellungskraft mit Hilfe von Geschichten und Bildern in eine bestimmte Richtung dirigiert, stricken sie das Muster meist begeistert weiter, entwickeln ihre eigenen Bilder, lernen, sie aufmerksam anzuschauen und eine Reise nach innen als spannendes Abenteuer zu betrachten, als Möglichkeit, neue Welten zu erschließen.

Die indische Prinzessin

Auf einer langen Autofahrt mit Hilfe der Phantasie andere Welten erkunden. Später die Träume in Bildern festhalten.

Die Prinzessin ist fünfzehn Jahre alt, lebt in einem goldenen Palast zusammen mit hundert Flamingos und drei weißen Elefanten.

Wer weiß mehr über die Prinzessin?

Der Clown

Vom Clown berichten. Gemeinsam mit Kindern die Zirkusreisen in Gedanken nachzeichnen. Später einander mitteilen, was sich jeder ausgedacht hat.

Ein kleiner Zirkus besucht die Stadt. Auf dem Sportplatz ist das Zirkuszelt aufgebaut. Vor dem Zirkuszelt sitzt ein Clown auf einer Apfelsinenkiste und erzählt fünf Kindern, die sich neugierig um ihn geschart haben, von seinen Zirkusreisen durch die Welt.

Wo war der Clown? Was hat er erlebt? Warum bringt er andere so gerne zum Lachen?

Die Nussschale

*Beim Baden, wenn das Kind in der Badewanne das warme
Wasser genießt, auf dem Rand der Wanne sitzen. An Sonne
und Meer denken. Die Traumbilder nachwirken lassen.*

Oben strahlt die Sonne vom Himmel. Unten sehen wir das
blaue Meer. Es ist ruhig und friedlich. Das Wasser kräuselt sich
leicht. Keine Wellen sind zu sehen. Auf dem Meer dümpelt ein
Schiff, nicht viel größer als eine Nussschale. Es ist ein weißes
Schiff mit rotem Segel.

*Wer segelt über das Meer? Und wohin segelt das Schiff? Wie
ist es, allein in einer kleinen Nussschale über die Meere zu
schaukeln?*

FÜR ELTERN

Ein Mittel gegen Stress

Mit Kindern nach inneren Bildern suchen, Bilder aufspüren, ausmalen, die Erfahrungen austauschen, die entstehenden Muster
gemeinsam weiterweben und sich über die Phantasien unterhalten – alles zusammen macht nicht nur Freude, sondern stärkt
noch dazu die Gemeinsamkeit, schafft Nähe und Vertrautheit
und ist ein sehr verträgliches (Beruhigungs-)Mittel gegen Unruhe
und Hektik des Alltags, gegen den Stress, unter dem heute auch
schon viele Kinder leiden.

Das weiße Land

Mit ein paar Worten das Bild von der weißen Stadt skizzieren.

Alles ist weiß in dieser Stadt, so weit der Blick reicht. Im Hintergrund sieht man hohe, weiße Berge. Die Berge sind mit Schnee bedeckt. Vor den Bergen stehen weiße Häuser. Weiße Autos fahren durch die Stadt. Alle Menschen tragen nur weiße Kleider. Und über allem ist weißer Himmel zu sehen.

Wer lebt in der weißen Stadt?

Die schwarze Burg

Mit Worten eine Landschaft beschreiben, in der Kinder herumspazieren können. Sie durch die Landschaft zu einer Burg führen.

Eine weite grüne Ebene unter blauem Himmel tut sich auf, eine menschenleere Landschaft, öde und verlassen. Keine Tiere, keine Pflanzen sind zu sehen. Mitten in der Ebene befindet sich ein spitzer Berg, der aussieht wie ein Kegel. Auf dem Berg steht eine schwarze Burg. Die Burg hat viele Fenster. Alle Fenster sind dunkel, nur in einem brennt Licht.

Wer wohnt hinter dem Fenster? Wie geht die Geschichte weiter?

Der Phantasievogel

Zu zweit nebeneinander, Kopf an Kopf, im Gras liegen, ruhig und tief in den Bauch atmen und in Gedanken davonfliegen (jeder für sich).

Der Phantasievogel, groß und stark wie ein Adler, schön wie ein Schwan, bunt wie ein Papagei, wartet ungeduldig auf der Wiese unten am Fluss. Er scharrt mit den Krallen im Gras, kratzt mit dem Schnabel ungeduldig sein Gefieder. Wo bleiben die Leute, die sich für eine Flugreise rund um die Welt angemeldet haben?

Wer macht sich mit dem Phantasievogel auf die Reise? Wohin fliegt der Vogel? Was gibt es unterwegs zu sehen?

Der Ball

Das Kind auf den Schoß nehmen. Ihm einen Ball in die Hände geben. Vom Ball erzählen und die Geschichte gemeinsam, jeweils abwechselnd zu Ende bringen.

Der Ball hüpft vom Tisch. Er rollt quer durchs Kinderzimmer, rollt aus der Kinderzimmertür über den Flur zur Haustür hinaus. Er springt über drei Treppenstufen. Dann rollt der Ball über einen langen, geraden, gepflasterten Gartenweg zum Gartentor hinaus. Er rollt über den Gehweg. Er springt vom Gehweg auf die Straße und rollt immer weiter. Der Ball kullert in die große weite Welt hinaus, kullert durch fremde Länder.

Wohin rollt der Ball? Wer rollt in Gedanken mit?

Siebenmeilenstiefel

Bei einem Spaziergang mit Kindern extra große Schritte tun, dabei von den Siebenmeilenstiefeln erzählen. Die Geschichte in der eigenen Vorstellung weiterverfolgen.

Stell dir vor, du hättest Zauberstiefel an den Füßen, Stiefel, die dich schnell wie der Wind vorwärts brächten. Nur ein Schritt und du wärest schon sieben Meilen weiter. Stell dir vor, wie schnell dich die Stiefel nach Afrika brächten – oder nach Russland.

Wer möchte Siebenmeilenstiefel haben? Wohin sollen die Stiefel laufen?

Das Riesenkänguru

In der Mittagszeit eine Ruhepause einlegen. Kinder sind eher bereit, sich ein Momentchen hinzulegen, wenn sie unterhalten werden mit einer Geschichte, die Phantasien weckt.

Das Känguru heißt Hasi. Hasi hat Riesenfüße und einen Riesenkängurusack vor dem Bauch. Hasi ist tatsächlich ein richtiger Riese – so lang wie ein Baukran, so dick wie ein Bagger. Hasi lebt natürlich in Australien. Es arbeitet bei einer Fluggesellschaft. Hasi holt seine Passagiere auf dem Flughafen ab. Die Passagiere klettern über eine Leiter in den Kängurusack, halten sich am Rande so fest, dass sie herausgucken können. Dann beginnt die Reise. Das Känguru tut einen Riesenhüpfer und landet in Neuseeland.

Wohin hüpft das Känguru dann? Was erleben die Passagiere auf dieser seltsamen Reise?

FÜR ELTERN

Mehr als alltägliche Selbsterfahrung

Nach innen schauen, träumen – für viele Erwachsene und Kinder macht gerade das Unberechenbare, das Geheimnisvolle an der Sache den Reiz aus. Sie wollen ihrem Denken und Fühlen, ihrer Phantasie näher kommen, sich selbst erforschen – ein Stückchen über die ganz alltäglichen Selbsterfahrungen hinaus: »Welche Bilder steigen aus den tieferen Schichten meines Wesens hoch, wenn ich mich in mich hineinversenke? Was fange ich mit den Bildern an, die vor meinem inneren Auge auftauchen – male ich sie weiter aus, schaue ich sie mir genau an, denke ich darüber nach?«

Die Muschel

Mit Kindern um einen Tisch sitzen. Mitten auf den Tisch eine Muschel legen und die folgende Geschichte erzählen.

Es war einmal eine Muschel, die lebte im Süden Afrikas im flachen Meer zwischen schwarzen und grauen Felsen. Eines Tages wurde die Muschel an Land gespült. Tagelang lag sie im weißen Sand, bis sie von einem Fischer gefunden wurde. Der Fischer hob die Muschel auf, wischte mit seinem Hemdsärmel den Sand ab und steckte die Muschel in seine Hosentasche.

Wie kommt die Muschel aus Afrika hierher auf den Tisch? Was hat sie auf ihrer Reise erlebt?

Regentropfen

Einen Regentropfen mit dem Finger auffangen und eine Geschichte dazu erzählen.

Auf der Spitze des kleinen Fingers liegt ein praller, dicker Regentropfen. Der Regentropfen verdampft in der Sonne. Viele Regentropfen verdampfen. Der Dampf sammelt sich am Himmel und bildet eine Wolke. Die Wolke segelt über die Lande und verwandelt sich in eine Regenwolke. Aus der Wolke fallen später wieder Regentropfen auf die Erde.

Wer erzählt die Geschichte weiter – weiter und weiter?

Die Wüste im Sandkasten

Mit Kindern im Sandkasten sitzen. Sandhügel aufschütten, dabei von der Wüste erzählen und von der Einsamkeit in der Wüste berichten.

In der Wüste sind nur Sandhügel, so weit das Auge reicht, flache und gewölbte Hügel, steil abfallende und sanft ansteigende. Wir sehen nichts als losen Sand auf den Hügeln. Im Sand sind Wellenlinien, wie mit einem Riesenzinken in den Sand gekämmt. Am Horizont …

Was taucht in der Wüste am Horizont auf?

Die Eisenbahn

Wenn Kinder mit einer Eisenbahn spielen, ein neues Spiel anregen: Einmal rund um den Globus reisen, die Reise in Gedanken genau ausmalen.

Die Eisenbahn startet in einem kleinen Dorf mitten in China. Sie fährt durch die Wüste durch die Mongolei nach Russland.

Wie geht's weiter? Was erlebt die Eisenbahn unterwegs? Tun sich Hindernisse auf? Wo endet die Reise?

Ein Eisberg im Urwald

Beim Eisessen mit Kindern eine Eisgeschichte erzählen – so unwahrscheinlich, dass man sie sich kaum vorstellen kann.

Mitten im Urwald, dort wo die Bäume am höchsten sind und das Dickicht am dichtesten, liegt ein Eisklumpen. Es ist ein mächtiger Klumpen, so groß wie ein Haus.

Woher kommt der Eisklumpen? Wie kommt er in den Urwald?

Unterwasserwelt

Zusammen mit Kindern in eine Unterwasserwelt eintauchen und diese Welt neugierig erkunden, immer weiter vordringen.

Kleine, rote Fische, platte Rundlinge mit dunklen Glupschaugen über dicken Fischschnuten, ziehen eilig durchs Wasser und verschwinden in einer Felsspalte. Drei schlanke, lange, grüne Fische mit schmalen, gelben Längsstreifen schwimmen auf uns zu, trennen sich dann und schwimmen davon. Ein Seepferdchen steht ganz still im Wasser zwischen grünen Schlingpflanzen.

Wer folgt den Fischen in Gedanken, malt das Bild in allen Einzelheiten aus? Was kommt Kindern dazu in den Sinn?

Auf dem Campingplatz

Kindern einen einsamen Campingplatz beschreiben, die Stimmung auf dem Platz ausmalen.

Weit hinten am Horizont erblickt man einen See. Am Seeufer befindet sich ein Campingplatz, leer wie eine Wüste. Kein Mensch ist dort zu sehen, kein Auto, kein Baum, kein Haus. Mitten auf dem Platz steht einsam ein kleines Zelt. In dem Zelt sitzt eine alte Frau, die nicht weiß, ob Sommer oder Winter ist, ob Montag oder Freitag, ob Morgen oder Abend.

Wer setzt sich zu der alten Frau in das kleine Zelt?

Zwei Drachen

Eine Drachengeschichte erzählen, die Kinder auf den Herbst einstimmt.

Auf einem Stoppelfeld spielen zwei Kinder. Es sind ein Junge und ein Mädchen. Der Junge hält einen roten Drachen mit einem blauen Schwanz an einer langen Schnur, das Mädchen einen grünen Drachen mit einem gelben Schweif. Die Drachen tanzen im Wind über dem Stoppelfeld. Sie sausen auf und nieder. Der rote Drachen steigt steil hoch in den Himmel. Dann reißt er sich plötzlich los und fliegt davon. Der grüne Drachen soll alleine zurückbleiben? Das will er nicht. Also lässt auch das Mädchen die Schnur los. Der grüne Drachen folgt dem roten.

Welches Ziel haben die beiden Drachen? Wer möchte mitfliegen?

Rudi Rallala

Beim Wandern die Geschichte von Rudi Rallala erzählen.

Rudi Rallala packt seinen Rucksack, setzt einen Sonnenhut auf den Kopf, steckt eine Regenhaube in die Jackentasche, zieht seine Bergstiefel an, nimmt seine Skistöcke in die Hände und wandert zur Haustür hinaus. Rudi Rallala will auf den höchsten Berg wandern, will auf dem Berg unter dem Gipfelkreuz sitzen, in das Land schauen und träumen.

Wovon will Rudi Rallala träumen?

Mondlandschaften

Moritz sitzt in einem kleinen, schnellen, gelben Flieger und fliegt Bögelchen. Über Moritz ist nur der blaue Himmel, unter Moritz die blaue Ostsee. Neben dem kleinen gelben Flitzer taucht ein dicker brauner Hubschrauber mit schwarzen Flügeln auf. Im Hubschrauber sitzt ein Mann mit rotem Schnauzbart. Der Mann mit dem roten Schnauzbart funkt Moritz an: »Komm mit!«, sagt er. »Ich zeige dir, was du noch nie gesehen hast!« Erst zögert Moritz. Soll er dem dicken braunen Hubschrauber wirklich folgen? »Keine Bange!«, funkt der Mann mit dem roten Schnauzbart. »Du kannst mir vertrauen!« Die Neugier siegt. Moritz folgt dem dicken braunen Hubschrauber mit seinem kleinen gelben Flitzer. Sie fliegen über das Meer, dann über eine Bergkette. Hinter der Bergkette kommen die beiden in ein Land, das Moritz noch nie gesehen hat.

Was sieht Moritz von seinem kleinen gelben Flitzer aus? Wie endet die Geschichte?

FÜR ELTERN

Viel Freiheit lassen

Wer mit seinem Kind auf eine Bilderreise geht, muss die Tür zur kindlichen Phantasie vorsichtig öffnen, um nach und nach kreative Kräfte freizusetzen – nur wie? Es gibt keine genaue Anleitung, wie das zu geschehen hat, keine »richtige« oder »falsche« Art und Weise, sich auf eine Bilderreise zu begeben. Eine wichtige Voraussetzung dafür, dass eine Phantasiereise in Gang kommt: für Ruhe sorgen, eine entspannte Atmosphäre herstellen, Telefon und Klingel abstellen.

Im Land der guten Gefühle

Vom Land der guten Gefühle erzählen. Den Faden aufnehmen und gemeinsam mit Kindern weitere Ideen entwickeln.

Wer sich durch einen dicken Hirsebrei hindurchfuttert, durch einen Erdbeerpudding und eine Schokoladentorte, erreicht das Land der guten Gefühle. Hier wird nur vor Vergnügen gekichert, vor Glück gestrahlt und vor Wonne getanzt. Hier gibt's keine Mundwinkel, die nach unten hängen, keine Lippen, die vor Kummer zittern, keine Tränen, die über Wangen kullern.

Wie sieht das Leben aus in diesem Land? Wer malt es sich aus?

Die Knorzigen und die Glatten

Zusammen mit Kindern eine Landkarte malen, wo die Knorzigen und die Glatten lebten.

Keiner weiß genau, wo sie lebten und wann sie lebten und wie sie lebten, die Knorzigen und die Glatten. Man weiß nur, wie sie aussahen. Die Knorzigen sahen aus wie alte, verwitterte Bäume, stämmig, mit dickem Kopf und dickem Nacken, knubbeligen Patschhänden und knubbeligen Patschfüßen. Die Glatten hingegen sahen aus wie frische Pfirsiche vom Markt, glatt und rund und frisch, ohne eine Falte, richtig schön.

Wer kann sich vorstellen, wie und wo die Knorzigen und die Glatten lebten?

Im Bärenland

Mit Hilfe der Bärengeschichte versuchen, ein Kind davon zu überzeugen, wie gut es ihm tut, sich auszuruhen. Es streicheln und dabei von dem kleinen Bären im Bärenland berichten.

Der kleine Bär lebt im Bärenland. Er liegt zwischen zwei Baumwurzeln und schläft. Der kleine Bär atmet ruhig und tief und gleichmäßig und spürt auch im Schlaf, dass die Sonne ihn streichelt, sanft und zart und sehr behutsam.

Wovon träumt der kleine Bär? Die Sonne streichelt, die Sonne kitzelt – was kann sie noch?

Auch mal allein sein,
sich selbst besser kennen lernen

Lauter blaue Wunder

Die eigene Person, das Ich einmal mit Abstand, von anderer Warte und aus einem ungewohnten Blickwinkel zu betrachten, ist eine interessante (Selbst-)Erfahrung. Es ist aber auch eine ungewohnte, schwierige Übung, für Kinder allemal. Dennoch ist sie lohnend. Sie gelingt, wenn Erwachsene Kinder anleiten – behutsam, spielerisch, ohne erhobenen Zeigefinger, Besserwisserei und Druck. Wichtig: Diese Übung darf nicht zu einer verkrampften Angelegenheit werden, sondern muss ein phantasievolles Spiel bleiben, an dem alle zusammen ihre Freude haben, leicht und unbeschwert.

Das kleine runde Rot

Das Kind auf den Schoß nehmen. Mit einer Fingerspitze sein Gesicht – Stirn, Nase, Augen – sanft streicheln und die folgende Geschichte erzählen.

Das Rot, klein und rund wie eine Himbeere, läuft quer über die Stirn. Es springt auf die Nase. Das kleine Rot rennt vor bis zur Nasenspitze, hüpft wie ein Gummiball auf und nieder. Dann saust es zurück über den Nasenrücken bis in den Winkel des rechten Auges. Das kleine runde Rot umkreist das Auge dreimal, spiegelt sich darin und kehrt dann zurück auf die Stirn, wo es sich schlafen legt.

Wohin hüpft, rollt oder rennt das kleine runde Rot, wenn es wieder aufwacht?

Hügellandschaften

Mit dem Zeigefinger die Linien in einer Kinderhand nachzeichnen und dabei das folgende Phantasiespiel anregen.

Die Hand verwandelt sich in eine Landschaft mit sanften Hügeln und Tälern, mit saftigen Wiesen und fruchtbaren Feldern. Aus den Linien in der Hand werden schmale Bäche und breite Flüsse.

Wer wandert in Gedanken weiter bergauf und bergab? Oder wer entdeckt in den Handlinien ganz andere Landschaften?

Das braune Holzhaus

Wer streckt seine Hand aus, spreizt die Finger ab und verwandelt Hand und Finger in seiner Phantasie in eine Halbinsel, die sich weit ins Meer streckt?

Die Halbinsel ist Teil Portugals. Sie hat tiefe Buchten und zwischen den Buchten schmale, dicht bewaldete Landzungen. Auf einer Landzunge steht nur ein einziges Haus. Es ist ein braunes Holzhaus mit rotem Ziegeldach.

Wie sieht das Haus innen und außen aus? Wer wohnt darin?

Der Däumling

Eine Phantasiegeschichte, die endlos weiterzuspinnen ist.

An einem Montagmorgen im April wachsen deinem rechten Daumen Beine und Füße, Arme und Hände. Kaum sind ihm Beine und Füße, Arme und Hände gewachsen, springt der Daumen von der Hand und begibt sich auf Wanderschaft. Zuerst springt dir der Däumling auf die Nase, legt sich bäuchlings auf dem Nasenrücken lang, schaut dir tief in die Augen und spricht: »Was sagst du nun?«

Wohin wendet sich der Daumen dann?

Der grüne Vogel

Rücklings, ganz entspannt auf dem Boden liegen und mit geschlossenen Augen an den grünen Vogel denken.

Auf dem Fensterbrett sitzt ein grüner Vogel mit einem Papageienkopf, Elsterfedern und einem Krähenschnabel. Der Vogel lacht und sagt: »Du könntest mir zeigen, was du gerne tust!«

Wer hat Lust, sich mit dem Vogel zu unterhalten und ihn mitzunehmen?

Höhlenwanderung

Eine Geschichte, die Kinder ausschmücken können.

Ein Männchen, nicht größer als ein Marienkäfer, hat sich in dein Ohr verirrt. Er wandert in dein Ohr hinein, gerät tief und tiefer in eine Höhle. Es ist eine schmale, hohe Höhle mit purpurroten Wänden, mit goldener Decke und silbernem Boden. In der Höhle hängen Kronleuchter von der Decke mit echten Kerzen.

Wie endet die Geschichte? Oder wer denkt sich eine ähnliche Geschichte aus?

Der Haarekrauler

Einem Kind die Haare kraulen und vom Haarekrauler erzählen.

Viele haben ihn schon zu spüren bekommen, wenige haben ihn bisher gesehen: den Haarekrauler. Der Haarekrauler krault gerne Lockenköpfe und glatte Schnittlauchhaare, kurze Borsten und lange Mähnen, weiche Wolle oder feste Haarschöpfe. Er krault, was er findet. Wenn er krault, wird er nie müde.

Was macht der Haarekrauler noch, außer in den Haaren zu kraulen? Wie sieht er aus? Wer ist er?

Der Mokainasi

Ein Bein anziehen. In dem spitzen Knie mit viel Phantasie einen hohen Berg sehen. Dem Berg einen Namen geben, ihn zum Beispiel Mokainasi nennen.

Das Land ist weit und flach, und mitten in der Ebene steht ein hoher, spitzer Berg. Es ist ein Berg, der mit Schnee bedeckt ist.

Wer kann sich das Bild in allen Einzelheiten vorstellen, malt es weiter aus oder erfindet ein anderes?

Der Dschungel auf dem Kopf

Ein Bild zum Weitermalen, an dem Kinder ihren Spaß haben.

Stell dir vor, auf deinem Kopf wachsen keine Haare, sondern Büsche, Bäume, Schlingpflanzen und viele Blumen mit riesigen roten und weißen Blüten, mit Blüten, die abends in der Dämmerung ihre Blüten zuklappen, dann ihre Köpfe hängen lassen und schlafen und die sich morgens der Sonne entgegenrecken, ihre Blüten wieder aufklappen, dann ihre Köpfe wieder heben und den neuen Tag erwarten.

Was könnte auf diesem Kopf außerdem noch zu sehen sein?

Ich bin ein Baum

*Ein Momentchen gerade und still stehen und sich in der Vor-
stellung in einen Baum verwandeln. Nachempfinden, wie es
diesem Baum ergeht, wenn er erst vom Wind gestreichelt, später vom Sturm zerzaust wird.*

Zuerst war da nur ein laues, warmes Windchen. Das Windchen
streichelt den Baum und umschmeichelt ihn. Der Baum lässt
sich das gerne gefallen. Doch dann wird aus dem lauen, warmen Windchen ein starker, kühler Wind. Ein Wind, der erst
von Norden nach Süden braust, dann dreht und von Westen
nach Osten bläst. Der Wind ärgert den Baum. Er rüttelt an seinen Ästen, bläst ihm Blätter vom Kopf und zupft an seiner
Rinde. Der Baum mag das nicht. Er mag erst Recht nicht, wenn
aus dem starken, kühlen Wind ein wilder, kalter Sturm wird.

*Was empfindet der Baum, wenn sich der Wind in einen Sturm
verwandelt? Was macht der Sturm mit dem Baum?*

FÜR ELTERN

Sich selbst besser kennen lernen
Es macht nicht nur Freude, im Geiste spazieren zu gehen, Luftschlösser zu bauen, im Wolkenkuckucksheim zu sitzen oder in sich
hinein zu träumen, sondern bereichert auch die Seele, weckt un-
geahnte Energien, prägt die Persönlichkeit. Ein Kind kann Trost
und Sicherheit aus seiner Intuition ziehen, aus seiner Freude an
Gedankenspielen und seiner Fähigkeit, nicht nur das Außen-, sondern auch das Innenleben zu erkunden.

Das grüne Land

Ein Streichelspiel. Einem Kind den Nacken kraulen, mit fünf Fingern durch die Haare fahren, über den Rücken streicheln und die Geschichte vom grünen Land erzählen.

In diesem Land sind nicht nur die Felder, Wälder und Wiesen grün, sondern noch vieles mehr ist grün, hellgrün und dunkelgrün, olivgrün und tannengrün, grasgrün und giftgrün. Die Häuser sind grün, aber auch die Dächer der Häuser. Die Wege und Straßen sind grün und die Autos auch. Die Menschen tragen grüne Kleider und die Kinder dazu noch grüne Schulranzen. Alles ist Grün in Grün, weil die Menschen in Grünland Grünes über alles lieben.

Wer malt sich Grünland genauer aus? Oder wer stellt sich ein anderes Land vor?

Das traurige Blau

Zeichenpapier blau anmalen. Einen großen blauen Punkt aus dem Papier schneiden. Den Punkt mitten auf den Tisch legen. In Gedanken alle traurigen oder unguten Gefühle auf den blauen Punkt schütten. Später den blauen Punkt zusammenfalten und zerreißen.

Das schwarze Erdloch

Einen Wasserhahn weit aufdrehen, viel Wasser über die Hände laufen lassen und dabei ins Träumen geraten.

Das Wasser sprudelt kräftig aus der Quelle, kühl und frisch. Es bahnt sich einen Weg durch Schotter und Kies, gurgelt und zischt. Das Wasser fließt in vielen Kurven den Berg hinab. Es gewinnt an Geschwindigkeit, stürzt über einen steilen Abhang in die Tiefe und verschwindet gurgelnd in einem schwarzen Erdloch.

Wer sieht das Wasser vor sich? Wer gibt ihm in Gedanken eine neue, ganz andere Richtung?

FÜR ELTERN

Mit Freude Luftschlösser bauen

Träumen Kinder mit offenen Augen und phantasieren sich ihre eigene Welt zusammen, staunen die Eltern einerseits über diese lebhafte Phantasie, reagieren andererseits oft verunsichert auf die kindliche Freude am Luftschlösserbauen. Die Bilder, die da plötzlich aus (Un-)Tiefen des Denkens und Fühlens auftauchen, machen ihnen manchmal Angst, denn sie verstehen sie nicht. Für Erwachsene ist die Welt meist wohl geordnet. Fabuliert ihr Kind munter darauf los, vermischt es Wirklichkeit und Traum, reagieren sie verunsichert, fürchten einen Realitätsverlust. Keine Sorge: Auch wenn den Kindern die Phantasie manchmal durchgeht, verlieren sie nicht den Boden unter den Füßen. Diese Entwicklungsphase ist ganz normal.

Ein Schacht mit Frühlingsdüften

Beim Händewaschen in Gedanken mit dem Wasser im Ausguss verschwinden und sich auf eine Phantasiereise durch einen tiefen Schacht ins Ungewisse begeben.

Der Fall durch den engen, düsteren Schacht will kein Ende nehmen. Weiter und weiter ins Dunkle hinein geht die Reise, immer tiefer nach unten und immer schneller. Plötzlich sieht man ein Licht im Dunkeln. Es ist noch weit entfernt. Ein warmer, heller Schimmer tut sich unten auf, gelb und rot, durchsetzt mit grünen Punkten. Dazu steigen Düfte auf. Sie kriechen langsam den Schacht hoch. Es sind angenehme Düfte, die an Frühling erinnern.

Wo endet die Reise durch den Schacht? Was wartet in der Tiefe weit unten?

Das Zauberauge

Kindern eine Geschichte vom Zauberauge erzählen. Die Geschichte dann in Gedanken weiter ausbauen (jeder für sich).

Ein Zauberauge verfügt über besondere Kräfte. Es kann durch Steinmauern sehen, durch Metallwände, durch Holzlatten und durch Erdschichten. Ein Zauberauge kann Unsichtbares sichtbar machen.

Was sieht das Zauberauge, was ein normales Auge nicht sehen kann?

Bärenstark und ganz schön brummig

Tiere stehen für bestimmte Eigenschaften. Wer mag sich in seiner Vorstellung in ein Tier verwandeln?

Ich wollt, ich wär ein Bär, ein gemütlicher Teddybär mit zwei brombeerfarbenen Kulleraugen, samtweich und lieb, mit einem braunen, weichen Strubbelfell, mit einem kugeligen, dicken, gemütlichen Bauch, mit prallen, runden Armen und Beinen und tatzigen Händen und Füßen, mit einer tiefen Stimme, die wunderbar weich brummen und herrlich bärbeißig knurren kann, mit lieben brombeerfarbenen Augen.

Wer möchte sich gerne in einen Papagei verwandeln oder in ein Nashorn, eine Katze oder ein Meerschweinchen oder in ein ganz anderes Tier?

FÜR ELTERN

Nicht mit erhobenem Zeigefinger kommen
Phantasiereisen möglichst als Spiel anbieten und bitte nicht als Pflichtveranstaltung und Förderprogramm mit erhobenem Zeigefinger verordnen. Die Devise sollte heißen: Nur wer Lust hat, macht mit. Die Freude an der Sache sollte im Vordergrund stehen und nicht ein eventueller Nutzeffekt wie etwa Steigerung der Lernfähigkeit oder neue Selbsterfahrungen, sonst vergeht Kindern der Spaß sofort wieder.

Regentropfen

Einen Wassertropfen aus dem Wasserhahn in der ausgestreckten Hand auffangen, sich in Gedanken in diesen Tropfen verwandeln und mit dem Tropfen auf Reisen gehen.

Regen tropft auf die Erde. Ein Regentropfen tropft einem Mann mit Bart auf den Hut. Jetzt hängt er an der Hutkrempe. Er schaut dem Mann ins Gesicht und denkt: »Dieser Mensch mag nicht, wenn es regnet.« Der Regentropfen hat Recht. Der Mann nimmt den Hut vom Kopf und schüttelt den Regen ab. Der Regentropfen fliegt in hohem Bogen durch die Luft und landet auf dem Blatt einer Birke. »Hallo!«, sagt die Birke. »Schön, dass du da bist. Wasser tut mir gut!« Auf dem Birkenblatt fühlt sich der Wassertropfen wohl.

Wo endet die Reise, die der Regentropfen macht? Wo fühlt er sich wohl und wo nicht?

Ein stiller See

Mit Hilfe eines kleinen Taschenspiegels sich selbst tief ins Auge sehen. In dem Auge einen See sehen.

Still ruht der See. Die Sonne spiegelt sich im Wasser. Das blaugraue Wasser glitzert im Licht. Es verlockt zum Baden.

Wer springt in den See und taucht ein? Was findet man auf dem Grund des Sees?

Der endlose Weg

Ein Spiel mit Taschenspiegel und Auge. Sich selbst tief in die Augen schauen und gleichzeitig den Weg in Gedanken weiterverfolgen, von dem hier die Rede ist.

In einem Auge sehe ich einen Weg. Der schmale Weg, sandig und trocken, führt von einem Haus weg über eine Wiese zu einem alten Nussbaum, der knorrig und verwittert mitten auf der Wiese steht. Er führt vom Nussbaum den Hügel hinauf, zwischen abgeernteten Getreidefeldern hindurch, in zwei, drei Kurven auf das Wäldchen auf der Kuppe zu.

Wer verfolgt den Weg weiter? Oder wer hat einen ganz anderen Weg vor Augen?

Wenn ich Flügel hätte

Draußen im Wind stehen, die Arme ausbreiten und vom Fliegen träumen.

An den ausgebreiteten Armen hängen große Flügel, die bis zu den Knöcheln reichen und trotzdem leicht wie ein dünnes Tuch sind. Es sind rosa Flügel, an den Spitzen hellgelb und aus mehr als hundert Federn gewebt.

Wer wünscht sich, von der Erde abzuheben und durch die Lüfte zu segeln?

Unterwegs in der Wüste

Ein Streichelspiel. Einem Kind sanft über den nackten Rücken streicheln und dabei folgende Geschichte erzählen.

Drei Kamele mit Reitern, bepackt mit Säcken und Kisten, bewegen sich durch die Wüste. Zuerst zieht die Karawane über eine breite, befestigte Sandstraße. Als die Straße endet, zieht die Karawane querfeldein über die Sanddünen, immer der Sonne entgegen. Der Sand ist schwer. Die Kamele kommen nur mit Mühe vorwärts. Plötzlich taucht ein Pferd mit Reiter am Horizont auf. Der Reiter ruft: »Kommt zu mir! Hier ist der Sand weniger tief. Am Fuße der Düne ist eine Sandstraße!«

Wer malt sich die Geschichte in allen Einzelheiten aus und spinnt den Faden weiter?

Der Tagesfilm

Gemütlich im Sessel zurücklehnen, ein paar Schweigeminuten mit Kindern verabreden, die es sich ebenfalls gemütlich gemacht haben. In dieser Zeit den vergangenen Tag wie einen Film in der Erinnerung noch einmal Revue passieren lassen (jeder für sich).

Wie lief der Tag ab? Wie immer – mit Aufwachen, ins Badezimmer gehen, Zähne putzen, waschen, anziehen, frühstücken, Schulsachen zusammenpacken oder ganz anders? Wie könnte ein ganz besonderer Tag aussehen, ein richtig traumhafter Tag?

Die Insel im Kinderzimmer

Wer mitmacht, rollt sich wie ein Kringel auf dem Boden zusammen und verwandelt sich in Gedanken in eine Insel.

Wer diese Insel sucht, findet sie im Norden Schottlands, weit ab vom Festland. Wer sie erreichen will, muss eine vierstündige Fahrt mit dem Schiff in Kauf nehmen. Die See ist rau dort oben im Norden, das Wetter oft stürmisch und regnerisch.

Wie sieht die Insel aus – felsig und zerklüftet oder lieblich, mit vielen Wiesen, Wald und breiten Sandstränden? Wer malt sich das Leben auf dieser Insel in allen Einzelheiten aus, schaut von den Klippen aufs Meer oder wandert in Gedanken über den Strand am Wasser entlang, Ebbe und Flut beobachtend? Wer geht mit durch die Wiesen, zählt Schafe und Möwen?

Später, wenn ich alt bin

Ein Spiel mit dem Spiegel. Das eigene Spiegelbild betrachten und versuchen, sich vorzustellen, wie man später aussehen wird. Als Erwachsener oder als Greis.

Werde ich später ein langer Mensch sein oder ein kurzer? Ein stämmiger, breiter Mensch oder ein zierlicher, schmaler? Ein dicker oder ein dünner? Ein hochnäsiger oder ein bescheidener? Ein freundlicher oder ein grimmiger?

Wer beantwortet die Fragen und spinnt den Faden weiter?

Das Sorgenschiff

Aus Papier ein Schiff falten oder schneiden. In Gedanken das Schiff mit allen Sorgen beladen, mit denen man sich herumquält.

Später das Schiff während eines Spaziergangs an einem Bach zu Wasser lassen. Ihm nachschauen, wenn es davonschwimmt und alle Sorgen mit sich nimmt.

Vom Winde verweht

Bei Wind und Wetter nach draußen gehen. Breitbeinig im Wind stehen, die Arme ausbreiten und sich in Gedanken vom Wind mitnehmen lassen.

Der Wind greift dem Kind unter die Arme, packt seine Beine, schnappt es sich ganz. Das Kind staunt. Lacht es oder weint es? Seine Haare wehen, sein Schal flattert im Wind, knattert wie eine Fahne. Der Wind summt dem Kind ein Lied ins Ohr, wiegt es in seinen Armen und trägt es auf und davon.

Genießt das Kind die Reise mit dem Wind oder fürchtet es sich? Wohin bringt der Wind das Kind?

Der Seehund

Zusammen mit Kindern vom Meer träumen. Von Seehunden erzählen.

Nur zwei, drei Meter vom Strand entfernt tummelt sich ein Seehund im Meer. Er taucht unter und taucht wieder auf. Der Seehund schwimmt auf dem Rücken im warmen Wasser. Er lässt sich von einer großen Welle ein paar Meter mitnehmen, verschwindet dann zwischen den Wellen. Weit draußen im Meer, gleich neben einer Sandbank, taucht er wieder auf.

Wer kann sich einen Seehund vorstellen? Wer schlüpft in die Rolle des Seehunds? Oder wer möchte ein anderes Meertier sein – vielleicht ein Delphin oder ein Haifisch?

Der Angsthase

Kindern vom Angsthasen erzählen – die Geschichte nur andeuten, damit sie noch Raum lässt für eigene Empfindungen und Erlebnisse.

Der Angsthase bibbert vor Schrecken, zittert wie Espenlaub, kauert tief in einer Ackerfurche mitten auf dem Feld, geduckt, Ohren angelegt, Augen geschlossen. Er traut sich nicht, die Augen zu öffnen und nachzuschauen, ob überhaupt noch zu sehen ist, wovor er sich fürchtet. Er traut sich nicht zu fliehen.

Wer kann sich den Hasen genau vorstellen? Was macht ihm Angst? Wie endet die Geschichte?

FÜR ELTERN

In Gedanken Berge versetzen

In seinen Gedanken ist jedes Kind allmächtig und frei, kann Berge versetzen, auf Wolken schweben und die Welt aus ihren Angeln heben, denn im Reich der Phantasie sind die Möglichkeiten unbegrenzt. In seiner Phantasie ist ein Sechsjähriger nicht der Knirps, der sich im Dunkeln fürchtet, sondern ein mutiger Ritter, der auf seinem Rappen furchtlos durch düstere Wälder jagt, und die Vierjährige kein normales Kindergartenkind, sondern eine wunderschöne goldgelockte Prinzessin. In ihren Träumen fühlen sich Kinder allmächtig. Hier kommt keiner und sagt: »Stopp!« oder »Das geht nicht!«. Hier haben sie das Sagen. Dieses Erlebnis brauchen sie als Ausgleich zu den oft schnöden, belastenden Alltagserfahrungen.

Die himmelblaue Feder

Bäuchlings und entspannt auf dem Boden liegen. Die Augen schließen und sich in Gedanken in eine himmelblaue Feder verwandeln.

Eine Fee mit langen himmelblauen Haaren, gekleidet in eine lange himmelblaue Robe, hält eine himmelblaue Feder in der Hand. Die Fee lässt die Feder fallen. Die Feder fällt aber nicht zu Boden, sondern fliegt in den Himmel hinauf.

Welches Ziel hat die Feder?

Das warme Nest

Mit Kindern auf dem Sofa kuscheln und das Nest in der Phantasie ausbauen, von dem hier die Rede ist.

Das Nest ist so groß wie ein Gartenhaus. Es liegt mitten auf einer Wiese, gut sichtbar von allen Seiten. Das Nest besteht aus tausend Hölzchen und Hälmchen, ist mit grünem Gras ausgepolstert und mit weichem Moos.

Braucht das Nest noch ein Dach, damit man sich darin gut aufgehoben fühlen kann, sicher und wohl? Muss noch eine Hecke drum herum gepflanzt oder ein Zaun gebaut werden? Muss es möbliert sein, gut ausgestattet mit Geschirr und anderem Hausrat? Wer möchte lieber in einem Haus, einem Zelt oder einer Hütte leben, und wie müsste diese Behausung aussehen?

Der Wutball

In friedlichen, entspannten Zeiten, wenn von Streit nicht die Rede ist, mit Kindern über Wut sprechen. Ihnen so die Möglichkeit bieten, sich mit diesem Gefühl zu beschäftigen – mal ohne Aufgeregtheit, mal mit mehr Abstand. Die folgende Geschichte kann als Anlass dienen, das Thema in Gedanken durchzuspielen.

Ein roter Ball ist mit einem grünen Ball aneinander geraten. Die beiden haben darüber gestritten, wer der bessere Fußball sei. Wutschnaubend und grollend ist der grüne Ball schließlich davongerollt. Er hat den roten Ball allein zurückgelassen. Der rote Ball ist noch röter geworden vor Wut. Wohin nur mit der Wut?

Der rote Ball hopst fünfmal auf und nieder. Die Wut verpufft nicht. Sie bleibt. Der rote Ball rollt gegen die Wand, springt von der Wand zurück, nimmt noch einmal Anlauf, prallt erneut gegen die Wand. Das hat auch keinen Zweck. Die Wut bleibt.

Welche Versuche stellt der rote Ball noch an, um mit seiner Wut fertig zu werden? Beruhigt er sich schließlich – wenn ja, wie? Wer malt die Geschichte aus?

Schmetterlingsträume

Zu zweit oder dritt zusammen in der Sonne sitzen, die Augen schließen und von einem Schmetterling träumen.

Auf meiner Hand sitzt ein zitronengelber Schmetterling. Ich spüre ihn kaum, so leicht ist er. Jetzt öffnet der Schmetterling langsam die Flügel. Die Flügel sind so zart, dass die Sonne durch sie hindurchscheint. Der Schmetterling fliegt davon.

Wohin fliegt der Schmetterling? Wer möchte sich in einen Schmetterling verwandeln und ein Schmetterlingsleben führen? Wie sähe solch ein Leben aus? Wer möchte lieber als Marienkäfer durch die Lande fliegen oder als Biene?

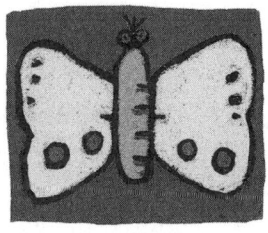

In Gemeinschaft sein mit anderen

Zusammen Berge versetzen

Ein Kind ist kein Einzelgänger, sondern gerne in Gesellschaft seiner Eltern, Freunde, Spielkameraden. Soviel Freude das Zusammensein macht, oft ergeben sich auch Spannungen, Frust und Stress, die ein Kind nicht selten bis in seine Träume verfolgen. In der Phantasie schmiedet es dann neue Pläne, erfindet andere Spielregeln und begleicht auch mal alte Rechnungen. Finden Eltern einen Zugang zu diesen Gedankenspielen und Träumen ihres Kindes, lernen sie es wieder ein Stück besser kennen und können ihm helfen. Im folgenden Kapitel gibt es viele Tipps, wie das gelingen kann.

Wen soll Lisa besuchen?

Vom Meer erzählen. Das Meer beschreiben, seine Farbe, seinen Geruch. Und dann von Lisa berichten.

Lisa steht auf der Fähre und schaut übers Meer. Weit in der Ferne sieht sie fünf Inseln. Auf der ersten Insel lebt der alte Hein. Er ist achtzig Jahre alt und schwerhörig. Sehen kann er auch nicht mehr besonders gut. Hein lebt ganz allein auf seiner Insel. »Soll ich Hein zuerst besuchen?«, fragt sich Lisa.
Auf der zweiten Insel lebt Greta. Greta lacht immer und redet wie ein Wasserfall. Ihren Mund hält sie so gut wie nie. Greta lebt mit drei Schafen und einem Hund auf ihrer Insel. »Oder soll ich lieber Greta zuerst besuchen?«, fragt sich Lisa.

Wer wohnt auf den übrigen Inseln? Wen besucht Lisa schließlich zuerst und wen zuletzt?

Wünscheblumen

Gemeinsam mit Kindern Blumen betrachten. Ihnen von den Wünscheblumen erzählen, den Faden aufnehmen und ihn gemeinsam weiterspinnen.

Gänseblümchen bedeuten angenehme Träume, Schlüsselblumen tiefer Schlaf, Hyazinthen fröhliches Aufwachen, Glockenblumen gute Laune, Rosen aufregende Abenteuer.

Wer kann sich vorstellen, wo diese Wünscheblumen wachsen und wie die Blumen leben?

Im Kanatuckaland

Mit Kindern einen Atlas aufschlagen. Mit einer Fingerspitze auf eine Insel tippen, die Insel Kanatuckaland nennen und davon erzählen.

In Kanatuckaland wohnen lauter Fieslinge, widerborstige Wesen, die sich eine Gemeinheit nach der anderen ausdenken. Die unfreundlichen Typen lachen nicht, weil sie sich freuen, sondern weil sie sich lustig über andere machen. Sie singen nicht. Sie tanzen nicht. Sie feiern keine Feste.

Welche Gemeinheiten denken sich die Fieslinge in Kanatuckaland aus? Wer sucht eine andere Insel im Atlas aus – eine Insel, deren Bewohner fröhlich und guter Laune sind? Wer malt sich das Leben dieser Inselbewohner aus?

Schlittschuh laufen

Mit Kindern gemütlich im Warmen sitzen, durchs Fenster nach draußen in die Kälte schauen und eine Wintergeschichte erzählen.

Die alte Frau nimmt ein Buch aus dem Regal. Es ist ein Buch, das in Leder gebunden und noch viel älter ist als die Frau. Die alte Frau schlägt das Buch auf. Sie findet in dem Buch das Bild einer Winterlandschaft mit schneebedeckten Wiesen und einem zugefrorenen See. Auf dem See laufen drei Kinder Schlittschuh. Ein Kind zieht einem anderen die Mütze vom Kopf.

Das Winterbild in Gedanken festhalten und es ausmalen. Wie endet die Geschichte?

Durch die Welt tanzen

*Mit einem Finger Kreise in der Innenhand drehen, erst langsam,
dann immer schneller und vom Tanzen erzählen.*

Es war einmal ein kleines Mädchen, das hieß Laila. Laila
mochte nicht mit anderen Kindern spielen. Laila mochte nicht
zur Schule gehen. Laila mochte nicht malen, nicht turnen und
auch nicht fernsehen. Laila mochte nur tanzen. »Wenn dir das
Freude macht, dann tanze!«, sagten Lailas Eltern. Also tanzte
Laila – von morgens bis abends und jeden Tag. Sie tanzte im
Kinderzimmer, auf dem Dorfplatz und im Garten. Eines Tages
brach sich Laila ein Bein.

*Wer sieht Laila vor sich? Wie sieht sie aus, wenn sie tanzt? Was
geschieht nach dem Beinbruch?*

Im Nebel

*Zu dritt oder viert so sternförmig im Kreis rücklings auf den
Boden legen, dass sich die Köpfe berühren. Dann wird von der
alten Frau erzählt, die aus dem Nebel tritt.*

Aus dem Nebel tritt eine alte Frau, zierlich und zart, gebückt,
mit weißen Haaren, einer karminroten Handtasche und einem
schwarzen Schirm unter dem Arm, bekleidet mit einem dunkelblauen Mantel. Die Frau lächelt. Sie hat viele Lachfältchen
um die Augen und ein Spinnweb von Falten auf der Stirn.

*Wer ist die Frau? Wo lebt sie? Macht es Freude, sie zu treffen?
Was sagt sie?*

Sonnengelb und feuerrot

Aus gelbem, rotem, blauem und grünem Tonpapier oder bemaltem Zeichenpapier Kreise schneiden. Die Kreise im Kinderzimmer auf dem Boden verteilen, sich dann bequem auf den Boden setzen und folgende Geschichte erzählen.

Das Gelb sagt zum Rot: »Ich strahle heller als du! So hell wie die Sonne!« Das Rot antwortet: »Plustere dich nicht auf! Wenn du strahlst wie die Sonne, leuchte ich wie die Feuerwehr. Jeder sieht mich!« Das Grün und das Blau denken: »Und was sollen wir sagen? Wie können wir uns anpreisen? Oder sollen wir gar nicht mitmachen bei der Angeberei?«

Wer erzählt die Geschichte weiter?

Bilderrätsel

Mit Kindern eine Gemäldegalerie besuchen. Das Augenmerk auf die Gesichter auf den Bildern lenken.

Gemeinsam Lebensgeschichten zu den Gesichtern erfinden. Die Gestalten in der Phantasie lebendig werden lassen.

Die Blumentöpfe

Vier Blumentöpfe auf ein Blatt Papier zeichnen und den Kindern dann von den Blumen in diesen Töpfen erzählen.

Auf der Fensterbank stehen vier Blumentöpfe. Im ersten Topf wächst eine Geranie, im zweiten eine Fuchsie, im dritten eine Begonie, im vierten eine Margerite. Die Blumen sind Freunde. Sie erzählen sich, was sie sehen und erleben, was sie denken und was sie sich wünschen. Meistens vertragen sie sich gut, aber ab und zu geraten sie auch in Streit. Dann schimpfen sie und sind beleidigt. Aber spätestens abends vertragen sie sich wieder. Manchmal steigen die Blumen aus ihren Töpfen und gehen in die Stadt.

Wer malt sich in allen Einzelheiten aus, wie die Freundschaft der Blumen aussieht? Was machen sie zusammen? Was haben sie sich zu sagen?

»Wen wollen wir besuchen?«

Zusammen entspannt und in Ruhe um einen Tisch sitzen und Kindern von den fünf Wegen im Wald erzählen. Dann gemeinsam die Geschichte weiterentwickeln.

Oben im Wald teilt sich der breite Weg in fünf schmalere Wege.

Ein schmaler Pfad führt zwischen hohem Gras zu einer kleinen Hütte. In der Hütte leben eine Ziege, ein Schaf und unterm Dach eine Fledermaus.

Ein breiter Weg führt durch dichtes Fichtengehölz zu einer Berghütte. In die Hütte kehren Bergwanderer ein. Sie begrüßen sich mit großem Hallo, trinken Bier und essen Würstchen.

Ein schmaler Weg führt durch einen hellen Mischwald zu einer Lichtung. Auf der Lichtung steht ein Hochsitz. In der Abenddämmerung kommt hier oft ein Jäger her und beobachtet das Wild, das sich dort einfindet.

Wohin führen die übrigen Wege? Welches Ziel ist besonders verlockend?

Der Lange und die Kurze

Ein Fingerspiel, das die Phantasie anregt: Von der rechten Hand den Mittelfinger, von der linken Hand den kleinen Finger in die Luft strecken. Alle übrigen Finger einknicken.

Der Lange hat rote Locken auf dem Kopf, eine dicke, feste Wolle, ziemlich kurz geschnitten. Er trägt einen Bart. Die Kurze hat weiße Stehhaare mit viel Gel gestärkt.

Was oder wen verkörpern die übrigen Finger?

Wenn sich zwei Züge streiten

Zwei Bleistifte nebeneinander auf einen Tisch legen und vorführen, wie sie miteinander streiten.

Ein ICE und ein Bummelzug stehen im Bahnhof nebeneinander. »Warum beeilst du dich nicht ein bisschen mehr, wenn du unterwegs bist?«, fragt der ICE den Bummelzug. »Langsam wie eine Schnecke kriechst du durch die Lande, das muss doch grauenhaft sein. Du kommst ja gar nicht voran!« Der Bummelzug sagt darauf: »Und wieso bist du immer und ewig in Hetze? Warum bloß rast du durch die Gegend? Du siehst doch nichts von der Landschaft. Du bist immer nur im Stress!« Die beiden streiten noch eine Weile weiter.

Wie endet die Geschichte?

Weit die Flügel aufspannen

Der Tag hat ein Ende. Das Kind kommt langsam zur Ruhe, streckt sich wohlig in seinem Bett aus und wartet auf »seine« Gute-Nacht-Geschichte. Sie ist das Bonbon am Ende des Tages. In diesem Kapitel sind Geschichten zum Vorlesen und Nacherzählen zu finden. Kurze Geschichten, die helfen, innerlich zur Ruhe zu kommen, sich wohl und geborgen zu fühlen, die die Phantasie anregen, Wunschbilder wahr werden lassen und schöne Träume vorwegnehmen, die helfen, Nähe und Vertrauen, ein Gefühl von Geborgenheit und Sich-Wohlfühlen zu schaffen.

Die Schlafpuppe

Schlafengehzeit. Das Kind Richtung Bett tragen, dabei die Geschichte von der Schlafliese erzählen zum Weiterträumen beim Einschlafen.

Liese ist eine Schlafpuppe. Sie hat lange schwarze Locken, eine gewölbte Stirn, eine edle Nase, zierliche Ohren, einen winzigen Mund und ein ziemlich spitzes, kleines Kinn. Liese kann die Augen auf- und zuklappen und ist gerade so groß, dass sie in einem Schuhkarton, ausgepolstert mit rotweiß karierten Kissen, gut schlafen kann.

Wer sieht Liese vor sich? Wovon träumt die Puppe, wenn sie in den karierten Kissen liegt?

Das Mondkalb

Zu zweit oder zu dritt gemütlich im warmen Bett liegen und vom Mondkalb erzählen.

Jeder hat davon gehört, dass auf dem Mond ein Mondkalb wohnt. Aber keiner hat das Mondkalb je gesehen. Keiner weiß, wie es aussieht und wo es auf dem Mond lebt. Niemand hat je beobachtet, was es frisst und was es trinkt. Kein Mensch weiß, womit es sich von morgens bis abends beschäftigt, mit wem es redet und was es spielt.

Wer stellt sich das Mondkalb in allen Einzelheiten und ganz genau vor?

Zauberkissen

Im Bett mit dem Kopfkissen spielen. Es in die Luft werfen, auffangen, dabei die Geschichte vom Hutzelmännchen erzählen und sie gemeinsam weiterträumen.

Ein verknittertes Hutzelmännchen, das himmelblaue Augen und nur fünf Haare auf dem Kopf hat, zieht Pauline, die seit einer Stunde selig und süß in ihrem Bette träumt, ihr weiches Kissen unter dem Kopf weg. Das Männchen flüstert dann dreimal leise »Simsalabimsaladusaladim« und schmeißt das Kissen in die Luft. Kaum ist das Kissen in der Luft, verwandelt es sich in ein weißes Huhn. Das Huhn fliegt zwei Runden durchs Zimmer und landet dann auf der Bettdecke, ganz unten am Fußende.

Wie endet die Geschichte? Kann das Männchen Kopfkissen nur in Hühner verwandeln oder auch in andere Tiere?

Das Sternenmonster

Die Geschichte vom Sternenmonster erst in Gedanken ausmalen und später auf Papier zeichnen.

Ein Sternbild wird plötzlich lebendig. Es treibt nachts sein Unwesen am Himmel und versetzt andere Sterne in Angst.

Welches Sternbild ist lebendig geworden? Wie sieht es aus? Was tut und treibt dieses sonderbare Wesen dort oben am Himmel?

Wenn der Mond Purzelbaum schlägt

Im Dunkeln mit dem Kind auf dem Arm am Fenster stehen, den Mond anschauen und eine Mondgeschichte erzählen.

Es ist nachts im Juli, eine warme Sommernacht. Das Fenster im Kinderzimmer steht weit offen. Der Mond scheint ins Zimmer. Plötzlich fliegt der Mond, halbrund, mit spitzem Kinn und spitzer Stirn, mitten ins Kinderzimmer. Er hüpft, ohne ein einziges Wort zu sagen, auf einen Tisch, pfeift ein Liedchen, balanciert an der Tischkante entlang, springt aufs Bett und schlägt drei Purzelbäume.

Was hat der Mond zu erzählen, und was hat er vor?

Die feuerwehrrote Rakete

Zu zweit im Dunkeln auf einer Wiese liegen. Die Sterne am Himmel betrachten, in Gedanken durch den Weltraum fliegen und von dieser Reise erzählen.

Durchs Weltall fegt eine kleine, einsitzige, feuerwehrrote Rakete. Die Rakete stampft und klappert. Sie hat einen Motorschaden.

Stürzt die Rakete ab oder fliegt sie weiter? Wo landet die Rakete? Wer sitzt in der Rakete?

Der Sandmann

Eine Geschichte für ein Kind, das schon unter seine Bettdecke gekrochen ist und seine Augen vor Müdigkeit kaum noch offen halten kann.

Unter dem Bett wohnt der Sandmann. Er lebt in einer kleinen roten Blechschachtel, mit goldenem Mond und silbernen Sternen auf einem grasgrünen Blechschachteldeckel. Abend für Abend stemmt der Sandmann den grasgrünen Deckel mit dem goldenen Mond und den silbernen Sternen gerade so weit hoch, dass er aus seiner Blechschachtel klettern kann. Kaum aus dem Versteck gekrochen, schnippt er zweimal mit dem Daumen und schon steht der Sandmann auf dem Bett. Und dann verschwindet er schnell unter der Bettdecke.

Wer hat den Sandmann vor Augen? Was hat der Sandmann vor?

FÜR ELTERN

Die magische Phase: Wo Unwahrscheinliches wahr ist
Immer häufiger mit Technik beschäftigt, verlieren viele Vier- bis Achtjährige heute frühzeitig den Zugang zu der magischen Welt, wo der Stoff zu finden ist, der die Seele bereichert. Den Zugang zu den Märchen, die den Kindern früherer Zeiten so verlockend und aufregend erschienen ist mit ihren guten Feen und bösen Hexen, mit ihren geheimnisvollen Geistern und Monstern, mit ihren Traumlandschaften und Wundergärten. Um sich seelisch gesund zu entwickeln, brauchen Kinder eine Entwicklungsphase, in der sie sich die Welt so zurechtrücken, wie sie sie gebrauchen können.

Der Böse-Träume-Fresser

Gruselgeschichten hört man sich besonders gern an, wenn man
warm und gemütlich unter der Bettdecke liegt.

Der Böse-Träume-Fresser wiegt zwei Zentner, hat kurze braune
Beine und vier Stampfer, so groß wie Elefantenfüße. Er hat vier
Flügel, steingrau und kräftig wie Adlerschwingen, dazu ein gelbes, struppiges Fell, das im Dunkeln Funken sprüht. Aber nur
in kalten Winternächten sprüht es Funken zur Abschreckung,
wenn die Gespenster unterwegs sind. Der Böse-Träume-Fresser
wohnt in einer Gletscherspalte im Himalaja. Wer unter bösen
Träumen leidet, kann ihn anrufen. Die Telefonnummer lautet
00213267529. Dann kommt er und frisst die bösen Träume.

Wer malt die Geschichte weiter aus?

Die Königin der Nacht

Ein Konzentrationsspiel, das hilft, innerlich zur Ruhe zu kommen.

In ein dunkelblaues Gewand gehüllt, bestickt mit tausend goldenen Sternen und tausend himmelblauen Monden, taucht die Königin der Nacht aus der Dunkelheit auf.

Wer malt sich das Bild von der Königin der Nacht genau und in allen Einzelheiten aus?

Schäfchen zählen

Eine klassische Einschlaf-Geschichte. Das Schäfchenzählen hilft, innerlich zur Ruhe zu kommen und darüber einzuschlafen.

Im Hintergrund sieht man dunkelgrüne Hügel und grauen Abendhimmel. Gleich wird es dunkel. Auf einer hellgrünen Weide mit frischem, saftigem Gras steht eine Schafherde mit zwanzig, höchstens dreißig Tieren. Weit und breit ist kein Schäfer zu sehen, auch keine Hunde. Die Weide ist rundherum eingezäunt. Vorne links, unten in der Ecke hat der Weidenzaun ein Loch. Die Schafe entdecken das Loch. Zuerst verschwindet ein dickes Schaf mit grauen Zottellocken. Ihm folgt ein kleines zartes Lämmchen mit schneeweißem, weichem Fell. Ein Tier nach dem anderen quetscht sich durch das Loch im Zaun.

Wie viele Schafe laufen auf und davon? Wie sehen die Schafe aus, die die Weide verlassen? Wohin laufen die Tiere, was erleben sie unterwegs?

Der Mann im Mond

Bei Vollmond am Fenster sitzen, mit offenen Augen vom Mann im Mond träumen und von den Träumen berichten.

Der Mann im Mond hat eisgraue Haarsträhnen, schulterlang etwa. Seine Haare sind strubbelig und hart wie die Borsten eines Handfegers. Unter einem um die Stirn gebundenen, oliv-grünen, schmuddeligen, verschlissenen Tuch schauen blitze-blaue, gescheite, traurige, alte Augen hervor. Über den Augen stehen buschige, weiße Augenbrauen, an denen winzige Eis-zapfen hängen. Mitten im Gesicht befindet sich eine dicke, rote, knollige, vernarbte Nase, auf der drei lange weiße Haare sprießen.

Wer malt sich den Mann genauer aus? Wie lebt er auf dem Mond?

Der Wünschestein

Einen kleinen, möglichst glatten Kieselstein beim Gute-Nacht-Sagen verschenken. Einen Stein, der in der Hand vorgewärmt ist.

Der Kiesel ist mehr als tausend Jahre alt. Er hat sein Leben bis-her in einem kalten, klaren Gebirgsbach verbracht, zwischen lauter großen runden Steinen im Wasser liegend.

Wie sah die Umgebung aus, in der sich der Stein aufhielt, wie das Leben, das er führte?

Sonne und Mond

Ein Gute-Nacht-Spiel für zwei. Einer malt eine Sonne auf, der andere einen Mond. Der nächste Schritt: Die folgende Geschichte abwechselnd weitererzählen.

Der Mond trifft die Sonne – ein seltenes Geschehen, denn es ist vorher noch nie passiert, soweit bekannt. Der Mond trifft die Sonne hoch oben im Gebirge an einem schönen lauen Sommerabend. Außer den beiden ist dort oben niemand zu sehen. Die Sonne springt frech und munter um den Mond herum, von einem Fels auf den anderen und zwitschert: »Wir kannten uns bisher nur aus der Ferne. Immer schon habe ich mir gewünscht, Sie mal aus der Nähe zu sehen!« »Was soll da schon zu sehen sein?«, brummt der Mond.

Wie endet das Gespräch?

Die Silberfee

Ein Glas, zur Hälfte gefüllt mit Wasser, neben dem Bett abstellen, nicht verraten, warum und wieso, sondern stattdessen die Geschichte von der Silberfee erzählen.

Es ist Mitternacht. Der Mond scheint ins Zimmer. Mondlicht fällt auf ein Glas, das, zur Hälfte mit Wasser gefüllt, auf einem Hocker neben dem Bett steht. Das Wasser glitzert und funkelt im Mondlicht. Das Wasser im Glas steigt langsam. Es steigt höher und höher. Es schwappt über den Rand des Glases, fließt langsam und schwer wie eine dicke Träne in eine Wald- und Wiesenlandschaft, staut sich zwischen sanft geschwungenen Hügeln. Es bildet sich ein silberner See. Der Mond spiegelt sich im silbernen See. Aus dem silbernen See steigt eine Fee mit silbernen Haaren und silbernen Kleidern.

Wohin geht die Fee? Was hat sie vor?

FÜR ELTERN

Zusammen mit anderen auf Reisen gehen
In seiner Phantasie geht ein Kind in der Regel allein auf Reisen: abends vor dem Einschlafen zum Beispiel, wenn es in Gedanken über eine Wiese läuft und Schäfchen oder die Sterne am Himmel zählt. Manchmal freut es sich jedoch über Begleitung. Oft wird eine Reise nach innen interessanter, wenn ein Erwachsener mit von der Partie ist. Ein Erwachsener, der den Blick unaufdringlich und behutsam in eine bestimmte Richtung lenkt, der ein Reiseziel vorgibt, der vielleicht ein Thema anspricht, das zu Hause gerade aktuell ist.

Der kleine Stern und seine Freunde

Zu zweit eine Sternennacht genießen. Einen kleinen Stern am Himmel auswählen. Den kleinen Stern in Gedanken in eine Märchengestalt verwandeln, in einem inneren »Film« auftreten lassen und ihm vier Sternenfreunde andichten.

Der kleine Stern schaut unter fünf Goldzacken frech und munter aus froschgrünen Augen mit orangefarbenen Tupfen vom Himmel herab. Dünn wie eine Zaunlatte, von Kopf bis Fuß knallrosa angestrichen, steht er auf platten Füßen dort oben am Himmel. Auf Füßen, die rund und dick wie Pfannkuchen sind. Seine Hände sind klein und rund und fest wie Pingpongbälle, seine Finger dünn wie Spinnenbeine.

Wie sehen seine Sternenfreunde aus? Wo und wie leben die Sterne?

Das Moosschiff

Vielleicht gelingt es, die Gute-Nacht-Geschichte vom Bärenbaby mit in den Schlaf zu nehmen und dort zu Ende zu träumen.

In einem kleinen Körbchen, weich ausgepolstert mit saftigem, frischem Moos, liegt zusammengekringelt, klein wie ein Wollknäuel, ein Bärenbaby und schläft. Manchmal lächelt das Bärenbaby im Schlaf. Das Körbchen mit dem Moos und dem Bärenbaby schwimmt wie ein Schiff mitten auf einem breiten Fluss, der aus den Bergen durch ein fruchtbares Land zum Meer fließt.

Wie verläuft die Reise? Wo und wie endet sie?

Wunschträume

Eine Einschlaf-Geschichte für Kinder, die schnell schön träumen wollen.

Am Brunnen mitten im Hof sitzt eine gute Fee. Es ist eine Fee mit dicken Klunkern an den Ohren, mit einer Handtasche unterm Arm und einem flotten Hut auf dem Kopf. Die gute Fee hält die Hand auf. Wer ihr eine Mark in die Hand drückt, darf einmal in den Brunnen schauen. Wer ihr zwei Mark gibt, darf zweimal schauen. Was gibt es in dem Brunnen für diesen stolzen Preis zu sehen? Wunderbare Träume, die herrlichsten aller Wunschträume spiegeln sich im Wasser, einen Traum für eine Mark, zwei Träume für zwei Mark.

Wer macht mit und schaut in den Brunnen? Und was spiegelt sich in dem Brunnen?

Der Riese mit den riesengroßen Stiefeln

Mit Taschenlampe ausgerüstet ins Kinderzimmer schleichen und die folgende Geschichte erzählen.

Ein riesiger Riese, mit einem riesigen Hut auf dem Riesenkopf und einer riesigen Taschenlampe in der Riesenhand, stiefelt in riesigen Stiefeln durchs Land und leuchtet mit seiner riesigen Taschenlampe in kleine Häuser.

Was sieht der Riese in den kleinen Häusern?

Der Sternenhupfer

Zu zweit zum Sternenhimmel aufschauen. Einen Stern auf der Milchstraße ausgucken, dann die folgende Geschichte erzählen, damit sich alle den Stern bildlich vorstellen können.

Da hinten, gleich links in der Milchstraße war sein Platz. Eines Tages wurde es dem kleinen Stern in der Milchstraße zu langweilig. »Ich will kein Stern sein«, dachte der kleine Stern, »immer nur glitzern und glänzen und das jeden Abend – wie langweilig, wie öde.« Das ewige Strahlen war nicht seine Sache. In einer besonders kalten, besonders klaren Winternacht beschloss der Kleine, nicht länger in der Milchstraße zu bleiben. Er tat einen riesigen Hupfer und sprang vom Himmel auf die Erde.

Wo landete der kleine Stern?

FÜR ELTERN

Von Kindern lernen

Nichts ist schöner für ein Kind, als Eltern zu haben, die seine Spontaneität bewundern, fördern, sich anstecken lassen und bemüht sind, nach Herzenslust mitzuphantasieren, in Bildern zu schwelgen, Geschichten auszudenken, Ideen auszubrüten. Viele Erwachsene haben jedoch ihre Schwierigkeiten damit. Weil sie versuchen, die Welt vor allem mit Hilfe von Sachlichkeit und Rationalität zu ordnen, haben sie verlernt, die Wolken vom Himmel zu holen. Lassen sie sich von ihrem Kind mitreißen, haben sie die Chance, Verlorengegangenes wieder aufzuspüren.

Ein Licht auf Wanderschaft

Ein Spiel mit Taschenlampe: Im Dunkeln sitzen, den Lichtschein der Taschenlampe durchs Zimmer, dann zum Fenster hinaus wandern lassen und folgende Geschichte erzählen.

Ein Licht wandert durch menschenleere, dunkle Straßen. Es ist still in der Stadt. Kein Laut ist zu hören, kein Lebewesen weit und breit zu sehen. Das Licht fürchtet sich, läuft schneller und schneller, rennt quer über einen großen, runden Platz, begrenzt durch hohe, dunkle Häuser, verschwindet in einer engen Gasse, biegt um eine Hausecke …

Wohin läuft das Licht? Was erlebt es unterwegs? Wie endet die Geschichte?

Der Gute-Nacht-Frosch

Einen Frosch aufzeichnen, das Bild beim Gute-Nacht-Sagen verschenken.

Der Frosch lebt im Sommer an einem Tümpel mitten im Dorf. Am Tag, wenn es heiß ist, kriecht der Frosch zwischen dicke Kieselsteine und schläft. Gegen Abend hüpft er aus seinem Versteck, setzt sich zur Abkühlung ins flache Wasser und beobachtet das Treiben auf der Dorfstraße.

Wie sieht das Dorf aus? Was beobachtet der Frosch?

Wenn Betten Flügel wachsen

Eine Gute-Nacht-Geschichte zum Nacherzählen. Jeder erfindet ein anderes Ende – still für sich. Zum Schluss die Gedanken austauschen.

Es ist Mitternacht. Im Zimmer ist es dunkel. Hinten links in der Ecke steht ein Kinderbett. Neben dem Bett sieht man einen Tisch, einen Stuhl und unter dem Tisch einen Korb mit Spielsachen. Der Korb ist gefüllt mit Plüschtieren, Autos und Spielen. Über dem Tisch sieht man ein Fenster. Es ist weit geöffnet. Die Gardinen, auf beiden Seiten des Fensters zur Seite geschoben, rascheln leise im Wind. Durchs Fenster funkeln ein paar Sterne. Ein paar graue Wolken ziehen am Himmel entlang. Und wo ist der Mond? Der Mond ist vom Zimmer aus nicht zu sehen. Plötzlich wachsen dem Bett Flügel, mächtige, weiße Schwingen. Das Bett dreht sich. Das Bett hebt ab. Es fliegt aus dem Fenster hinaus und verschwindet in der Nacht.

Wer liegt in dem Bett? Wohin fliegt das Bett?

Das Himmelbett

Ein Nachtbild mit ein paar Strichen andeuten, mit Hilfe einer Geschichte kurz skizzieren.

In einer sternenklaren, milden Frühlingsnacht kann man im fahlen weißen Vollmondlicht eine Hochebene sehen. Sie ist flach wie ein Kuchenteller, rundherum begrenzt von hohen, dunkelblauen Bergen. Auf der Ebene liegen lauter Felder. Es gibt schmale, lange, helle Felder und breite, dunkle Felder, kreuz und quer verwebt wie Flicken auf einem Teppich. Nichts als Felder – so weit das Auge reicht. Am Rande der Felder, vor den Bergen stehen dunkelgraue Büsche. Durch die Felder verläuft ein Weg, mal gerade, mal kurvig, fahl und weiß glänzend wie das Mondlicht. Gleich rechts vom Weg, mitten auf einem Feld, steht ein weiß gestrichenes Eisenbett. Auf dem Eisenbett liegt ein dickes, weißes Federbett. Und unter dem Federbett …?

Wer malt das Bild in Gedanken weiter?

FÜR ELTERN

Herumspinnen: eine besondere Fähigkeit

Missachten Eltern die Freude an spontanen Ideen, werten sie Ausflüge in die Phantasie laufend mit einem »Spinn nicht herum!« ab, dann verletzen sie ihr Kind nicht nur, sondern verhindern eigenständiges Denken und beeinträchtigen die Lernfähigkeit. Wird ein Kind dauernd gebremst und zur Vernunft verdonnert, verliert es seine kreative Spontaneität. Die Folge: Die Fähigkeit zu phantasieren und sich selbst, den eigenen Gefühlen auf diese Weise ein Stück näher zu kommen, verdorrt.

Besenhexen

Eine Hexengeschichte zum Ausmalen und Weitererzählen.

Drei Hexen fliegen auf ihren Besen durch die Nacht. Die Hexen sind auf den ersten Blick als Hexen zu erkennen. Sie sehen aus wie typische Hexen.

Wie sehen die Hexen aus? Woher kommen sie? Was haben sie vor?

Die Nachteule

Zu zweit oder zu dritt nebeneinander liegen. Eine Eule in Gedanken lebendig werden lassen. Die Eule erst abwechselnd beschreiben, dann die Eulengeschichte im Wechsel weiterspinnen.

Die Landschaft ist in milchiges Mondlicht getaucht. Keine Sterne sind zu sehen. Die Sterne verstecken sich hinter grauen Wolkenschleiern. Auf einer alten Eiche sitzt eine Eule. Die Eule schaut in die Nacht. Die alte Eiche steht einsam und allein mitten auf einem Hügel. Auf dem Hügel, um den Hügel herum sind nur Wiesen. Kein Dorf ist zu sehen, keine Stadt weit und breit.

Wie sieht die Eule aus? Was beobachtet die Eule?

Wenn eine Meise Zug fährt

Eine endlos lange, herrlich einschläfernde Geschichte.

Eine Meise fährt Zug. Sie hüpft von der Lokomotive auf den ersten Waggon, schaut neugierig zum Fenster hinein.

Wer sitzt im ersten, im zweiten, im dritten Waggon? Wie viele Wagen hat der Zug?

Die Himmelsleiter

In Gedanken auf einer unendlich langen Leiter zum Himmel hinaufklettern. Von den Bildern erzählen, die sich unterwegs auftun.

Wir klettern auf einer langen Leiter mit unendlich vielen Sprossen zum Himmel hinauf, Sprosse um Sprosse.

Wo endet die Klettertour?

Der Nachtwächter

Mit verschiedenen Stofftieren auf dem Arm zum Gute-Nacht-Sagen kommen und eine entsprechende Geschichte dazu erzählen.

Ein Nachtwächter sitzt an einem kleinen Tisch und liest im Licht einer Schreibtischlampe seine Zeitung. Er bewacht eine Spielzeugfabrik, in der Tiere aus Plüsch hergestellt werden. Auf einmal werden die Plüschtiere lebendig, krabbeln aus den Regalen und aus den Kartons und laufen durch die riesige Fabrikhalle. Ganz verschiedene Plüschtiere machen sich auf den Weg – Hasen, Löwen, Katzen.

Wie entwickelt sich die Szene weiter?

Blaue Blume

Mit einer blauen Blume in der Hand zum Gute-Nacht-Sagen kommen. Die Blume verschenken und eine Einschlaf-Geschichte mitgeben.

Nur eine einzige Blume wächst zwischen hohen Gräsern auf der Wiese. Es ist eine Blume mit einer blauen Blüte. Wer diese Blume findet und daran riecht, hat einen Wunsch frei.

Wer kommt zu der blauen Blume? Welche Wünsche erfüllt sie?

Wenn Gänseblumen träumen

Dem Kind kurz vor dem Einschlafen zur Entspannung eine Gänseblumen-Geschichte erzählen.

Das Gänseblümchen ist müde. Es lässt seinen Kopf hängen. Es klappt seine Blütenblätter zu. Das Blümchen beginnt zu träumen.

Wovon träumt das Gänseblümchen?

Winterschlaf

Die Augen schließen, tief und ruhig durchatmen und dann in Gedanken zu zwei Bären in eine Bärenhöhle kriechen.

Zwischen zwei Felsbrocken weit oben am Berg, gut versteckt zwischen Büschen, ist eine Höhle versteckt. In der Höhle haben sich zwei Bären zum Winterschlaf zusammengekringelt. Dicht liegen sie beieinander, damit ein Bär den anderen warm halten kann. Sie atmen ruhig und tief und träumen ihre Bärenträume.

Wovon träumen die Bären?

Der kleine Wäschekorbmann

Abend für Abend die Geschichte vom kleinen Wäschekorb-
mann in Fortsetzungen erzählen. Zum Schluss, aber erst nach
dem letzten Kapitel den kleinen Wäschekorbmann aufmalen.

Der kleine Wäschekorbmann, nicht länger und nicht breiter
als ein Daumen, lebt im Badezimmer neben der Badewanne im
Wäschekorb. Keiner weiß, dass er dort lebt. Keiner hat ihn je
gesehen. Der kleine Wäschekorbmann sieht alles und hört
alles. Er schläft nie, noch nicht mal ein Minütchen. Am Tage
versteckt er sich im Wäschekorb, nachts geht er auf Wanderschaft durch die Wohnung.

Was sieht der Wäschekorbmann? Was spielt sich in der Woh-
nung ab?

Auf der Hühnerstange

Einen Hühnerstall aufzeichnen. Das Bild beim Gute-Nacht-Sagen zeigen und das Leben im Hühnerstall ausmalen.

Es wird Nacht im Hühnerstall. Die Hühner gähnen. Auch die dicke Else gähnt. »Else, bitte noch nicht schlafen!«, sagt das kleinste Huhn im Hühnerstall, »du musst uns noch eine Geschichte erzählen!« »Also gut«, sagt Else und erzählt von einem spilleringen, weißen Hühnchen, das nichts zu lachen hat auf seinem Hühnerhof. Die anderen Hühner, elf pickige, scharfschnäblige Wesen, sind alles andere als freundlich zu dem spilleringen, weißen Hühnchen. Sie ärgern es!

Wer hat das spillerige, weiße Hühnchen vor Augen und kann sich die übrigen pickigen Hühner genau vorstellen und das, was sie mit dem Hühnchen anstellen?

Der Nachtfalter

Eine sanfte Geschichte, die Kindern hilft, vom Tagesgeschehen Abstand zu nehmen, zur Ruhe zu kommen und eigenen Träumen nachzuhängen.

Es weht kein Lüftchen. Die Sommerluft ist herrlich warm. Leuchtend rot geht die Abendsonne unter. Über die Wiese flattert ein Nachtfalter. Er lässt sich auf einer Margerite nieder. Unter seinem Gewicht biegt sich der Stängel. Der Nachtfalter hebt ab, fliegt weiter.

Wohin fliegt der Nachtfalter?

Mäuschen spielen

*Zum Gute-Nacht-Sagen eine brennende Kerze mit ins Kinder-
zimmer bringen. Die Kerze auf den Nachttisch stellen. Ins Licht
schauen und sich folgendes Bild vor Augen führen.*

In einer lauen Sommernacht sitzen viele Menschen im Kreis
um ein Feuer, das groß und lichterloh brennt. Es sind große
und kleine, dicke, dünne, junge, alte, laute, stille Menschen,
die sich dort versammelt haben. Eine Maus huscht heimlich,
still und leise von einem zum anderen und schaut sich jeden,
der am Feuer sitzt, ganz genau an.

*Wer sitzt im Kreis ums Feuer? Woher kommen die Menschen,
und was haben sie zu erzählen?*

FÜR ELTERN

Bilderreisen: Heilmittel für die Seele
Imaginationen tun Geist und Seele gut, inspirieren zu neuen Taten,
helfen kleinere Wehwehchen, Frust und Langeweile zu überwinden,
Spannungen, Ohnmachtsgefühle und Ängste abzubauen. Sie dienen jedoch vor allem dazu, sich selbst besser kennen zu lernen,
die eigenen Gedanken und Gefühle zu erforschen. Gehen sie gemeinsam auf Phantasiereise, können Eltern ihrem Kind vorsichtig
helfen, die eigenen Empfindungen und Sehnsüchte besser kennen
zu lernen.

Der Glasberg

Ein Gute-Nacht-Ritual: Abends häufig von einem Glaspalast erzählen. Von einem Palast, in dem Gespenster hausen.

Wir biegen von der großen Straße rechts hinter der Tankstelle in einen Feldweg ab. Dann folgen wir dem Feldweg kilometerlang durch buschiges Gelände bis zu einem weißen Gatter. Hinter dem weißen Gatter nehmen wir den Weg, der links steil den Berg hinunterführt, und gehen bis zum Gartenhaus, das am Ende des Weges auftaucht. Es ist ein Gartenhaus, aus Stein gebaut, mit drei Fenstern und einer dunkelgrünen Tür. Wer am Gartenhaus wartet, bis es dunkel wird, kann ein Wunder erleben. Denn kaum ist die Sonne untergegangen, verwandelt sich das Gartenhaus mit Blitz und Donnerschlag in einen Glaspalast. Die Wände, die Tür, die Fenster – alles ist nur noch aus Glas. In dem Glaspalast kann man fünf Gespenster sehen. Sie sind hellgrau wie Nebel. Es ist unmöglich, in das Gartenhaus zu gelangen. Die Tür ist fest verschlossen.

Wie geht die Geschichte weiter? Kommen die Gespenster aus dem Glaspalast? Was haben sie vor? Oder gelingt es, den Glaspalast zu betreten?

Der Laternenmann

Eine Gute-Nacht-Geschichte, die die Einbildungskraft stärkt.

Der Laternenmann kündigt seinen Besuch vorher nicht an. Irgendwann steht er plötzlich vor der Tür, in einen schwarzen Mantel gehüllt, eine rote Pudelmütze auf dem Kopf und eine Laterne mit brennender Kerze in der linken Hand. Der Laternenmann sagt: »Komm mit, ich zeig' dir was!« Wer ihm folgt und sich den Weg von ihm leuchten lässt, gelangt in ein fremdes Land. Der Laternenmann führt ihn in das Traumland, das sich alle Kinder wünschen.

Wie sieht es in diesem Traumland aus und wer lebt dort?

Fördern Sie jetzt die Entwicklung Ihres Kindes!

SPIELEN UND LERNEN für Eltern, die das Beste für ihr Kind wollen.

Jeden Monat neue Tips, Denkanstöße und konkrete Hilfe.

! Gut zu wissen Ratschläge für Eltern.

! Themen Erfahrungsberichte und Reportagen.

! Ratgeber Wichtige Hilfen für Erziehung, Kindergarten und Grundschule.

! Mit Kindern fernsehen Programmauswahl für Kinder.

! Service Tests und Einkaufsempfehlungen.

! Mitmachen - Selbermachen Viele Tips und Ideen.

SPIEL MIT, das große, bunte Extra-Heft für Kinder

28 Seiten zum Herausnehmen - mit allem, was Kindern Spaß macht.

+ Spannende Geschichten zum Vorlesen und selbst Entdecken.

+ Spiele und Spielideen für drinnen und draußen.

+ Rätsel und einfache Experimente zum Lernen und Begreifen.

+ Singen, Malen, Basteln als kreativer Spaß.

+ Tierposter fürs Kinderzimmer.

+ Extra-Bastelbogen auch für ungeübte Hände.

Die Einladung für Ihr Schnupper-Sparabo finden Sie auf der Rückseite

Die Velber-Garantie

1. Mit einem Schnupper-Sparabo erhalte ich 3 Ausgaben von SPIELEN
UND LERNEN, zusammen mit dem farbig bestickten Raben-Brustbeutel
zum Schnupperpreis von nur DM 10,-!

2. Wenn mir SPIELEN UND LERNEN gefällt und ich nicht bis spätestens
10 Tage nach Erhalt des 3. Heftes absage, erhalte ich jeden Monat die neue
Ausgabe mit Abo-Preisersparnis für nur DM 6,30 je Heft (statt DM 7,30).

3. Ich habe das Recht, mein Abonnement nach Ablauf eines Jahres
jederzeit wieder zu kündigen.

4. Ich weiß, daß ich diese Vereinbarung innerhalb von 10 Tagen beim
Velber Verlag, Leser Service, 30923 Seelze widerrufen kann. Zur Wahrung
der Frist genügt die rechtzeitige Absendung des Widerrufs.

 Coupon bitte gleich ausfüllen und einsenden an:
Velber Verlag, Leser Service, 30923 Seelze.

---

spielen und lernen Schnupper-Sparabo

**3 x SPIELEN UND LERNEN und den farbig be-
stickten Raben-Brustbeutel für nur DM 10,-**

☒ JA, ich möchte SPIELEN UND LERNEN jetzt kennenlernen
und nehme die Einladung zum Schnupper-Sparabo
an. Bitte schicken Sie mir die nächsten 3 Ausgaben von SPIELEN
UND LERNEN mit dem Extra-Heft SPIEL MIT. Alles zusammen zum
Schnupperpreis von nur DM 10,-. Dazu als Geschenk den farbig
bestickten Raben-Brustbeutel. Die Velber-Garantie habe ich gelesen.

Name/Vorname	
Straße/Nr.	
PLZ/Ort	
Vorname des Kindes	Geburtsdatum

Vertrauensgarantie: Die Velber-Garantie habe ich gelesen. Ich weiß, daß ich diese
Vereinbarung innerhalb von 10 Tagen beim Velber Verlag, Leser Service, 30923 Seelze
widerrufen kann und bestätige dies mit meiner Unterschrift. Zur Wahrung der Frist
genügt die rechtzeitige Absendung des Widerrufs.   2517

X	
Datum	Unterschrift